JN143014

改訂 現代心理学の基礎と応用

人間理解と対人援助

芝垣正光・目黒達哉・石牧良浩【編著】

樹村房

まえがき
—改訂にあたって—

本書は，2014年に刊行した『現代心理学の基礎と応用—人間理解と対人援助—』の改訂版である。これは，初版刊行より5年が経過したことにより構成や内容を見直す必要性が生じたこと，また2017年9月15日に文部科学省および厚生労働省より公認心理師法が施行され，心理職の国家資格化がなされ，心理学の世界に新しい動向が生じてきたことにある。初版同様に本改訂版も，初学者の入門書としてだけでなく，心理職などの対人援助の専門職に就いておられる方が，基本に立ち返ることのできる内容構成としている。

近年，心理学の分野において，スクールカウンセラーをはじめとする臨床心理士の資格をもった心理職が社会的認知を得るようになった。大学においては，「臨床心理学」や「カウンセリング」などを標榜する学部や学科，また臨床心理士養成の大学院も全国各地に新設されてきた。社会福祉の分野でも社会福祉士，精神保健福祉士，介護福祉士，保育士などの養成が行われており，国家試験においても心理学の科目が実施されているのが現状である。

このような状況の中で，現在心理学の分野に従事している専門職の方をはじめ，関係者が待ち望んでいた公認心理師という国家資格が誕生した。2018年4月から大学・大学院でその養成が開始される。

しかし，臨床心理士をはじめとする心理職を目指している学生や，現在心理職として活躍している専門職の方々，あるいは他分野の対人援助職に就いている方々が，心理学の基本を充分に学んできたかというと疑問が残るところである。むしろ応用面の学びに偏り，基本がおろそかになっていることが実情ではないだろうか。こうした疑問を少しでも解消することが，本書の目的である。また，これから始まる公認心理師となるために必要な科目の一つ「心理学概論」にも対応できるような内容に構成している。

したがって，本書は基礎編と応用編の2部構成とし，基礎編では，発達，感覚・知覚，学習，知能，感情・欲求，性格などを，応用編では，臨床心理学，カウンセリング，高齢者心理学，障害者心理学など取り上げた。そして，すでに刊行されている心理学の専門書や公認心理師となるために必要な科目「心理学概論」に含まれる事項を参考とし，最低限知っておくべき心理学の基本事項，また専門的な研究途上のもの，さらには各執筆者による独自の視点をできるかぎり簡明に記述した。

執筆者は，長年，心理学の研究と教育に携わってきた専門家であり，本書が読者の学びに役立つ内容になったと自負している。

さいごに，本書の改訂に尽力してくれた㈱樹村房の安田愛様に感謝申し上げる。

2018 年 3 月

編著者　芝垣正光
目黒達哉
石牧良浩

もくじ

序章
心理学とは

1．心理学とは何か

ギリシャ哲学以来，長きにわたってこころの問題は取り上げられてきた。しかし，心理学として科学的に研究されるようになったのは，百数十年前からである。

心理学はこころの働きを研究する。目に見えないこころの働きは，目に見える行動から推論され，科学的に研究される。

たとえば，喜怒哀楽は，顔の表情にそれぞれあらわれる。喜怒哀楽は，そのもの自体を見ることができないが，顔の表情という行動の形になってあらわれ，推論することができる。

また，ある児童の知能は，同じくそのものを見ることができないが，知能テストをすると，その結果で推論することができる。

科学的な心理学では，一定の条件のもとに再現が可能であり，誰が実験を行っても，同じ客観的な結果となる必要がある。研究の対象は，目に見える形となってあらわれる行動である。

心理学の研究は，人に関するすべての領域にわたっている。ゆえに，心理学があつかう領域は非常に広く，さまざまなである。そこで，ここでは大きく心理学の領域を，基礎編〈人間理解〉と応用編〈対人援助〉に分けた。

さらに，基礎編〈人間理解〉は，感覚・知覚，学習，知能，認知・記憶，感情・欲求，性格，発達，社会に分けた。応用〈対人援助〉は，臨床，カウンセリング，高齢者の心理，障害者の心理に分けた。

以下に，これらの基礎・応用の領域を簡単に紹介し，次章からさらに詳しく述べることとする。

基礎編：人間理解

■感覚・知覚

人は感覚によって同じものを見たり聞いたりするが，知覚によって見え方や聞こえ方が違うことなどをあつかう心理学の領域である。

■学習

子どもの学習が，どのように形成されるのかなどを考察する心理学の領域である。学習は，これまでできなかったことが，練習によって持続してできるようになることである。

パブロフ（古典的条件づけ），スキナー（道具的条件づけのうちのオペラント条件づけ），ソーンダイク（道具的条件づけのうちの試行錯誤），ケーラー（洞察）などの理論がある。

■知能

知能テストの結果から，子どもがどれくらい発達しているか，子どもの学力と知能テスト結果のアンバランス，特別支援学校の子どもたちなどへの応用を考察する心理学の領域である。

知能テストは，ウェクスラー式，ビネー式が一般によく使われている。

知能とは，①抽象的思考力，②学習する能力，③新しい環境に対する適応性，の３つであるといわれている。

■認知・記憶

認知は，人が見る・聞くなどしたときの情報処理過程をあつかう心理学の領域である。記憶は，認知の課程で見る・聞くなどしたものを，どのように保存するかをあつかう心理学の領域である。

認知は，たとえば人が物を見たり，あるいは音楽を聴いたりしたとき，計算すれば物がいくつあったか，あるいは楽しい音楽であったかを判断する。記憶は，それらを保存することである。

■感情・欲求

人は，喜怒哀楽などの感情をもっている。なぜ，人はこのような感情をもっているのか，どのようなメカニズムで生じるのか，などを考察する心理学の領域が感情である。

人は，生きて行くために必要な基本的欲求，あるいは成長とともにそなわる成長欲求がある。このような欲求によって，人がいかに生活を満足しているか，あるいは成長していくかを研究する心理学の領域が欲求である。

■性格

同じ状況においても，人によって感じ方や行動が異なる。反対に，状況が違っても，人それぞれにある程度一貫した感じ方や行動がある。このような個人差と，個人内の一貫性を研究する心理学の領域が性格（パーソナリティ）である。

■発達

人の発達の特徴を身体的，精神的，社会的な変化から観察していく心理学の領域である。

一般的に，胎児，新生児，乳児，幼児，児童，青年，成年，壮年，老年のそれぞれの期間における心理を調べる。特に，フロイトのリビドー（欲望の原動力になる心的エネルギー）およびピアジェの認知の発達が有名である。

■社会

人と人の関係（人間関係），あるいは人が集まったときの行動（集合行動）をあつかう心理学の領域である。

応用：対人援助

■臨床

臨床心理学は，心の問題をもっている人々への援助の実践と，実践のための技法・理論を研究する心理学の領域である。特に，臨床心理学の専門性を活かして援助を行う実践を心理臨床という。心理臨床では，カウンセリングおよび心理療法（サイコセラピー）で心の問題をもつ人々を治療する。

■カウンセリング

心理臨床は，カウンセリングおよび心理療法（サイコセラピー）からなっている。カウンセリングは，心の悩みや問題を抱えている人に対して，心理的なスキル・理論を用いた援助を行う心理学の領域である。

■高齢者の心理

日本は世界一の長寿国である。サクセスフル･エイジング(成功した老い)は，老人になるにしたがって，周りとうまく適応して幸福な老後を過ごせることをいう。高齢者の心理は，生涯発達において，高齢期をどのようにとらえるかをあつかう心理学の領域である。

■障害者の心理

視覚障害者，聴覚障害者，肢体不自由者，知的障害者などの心理を研究する領域である。障害が先天的あるいは後天的かによって，その人の心理が異なる。

近年普通学校でも問題のある子どもたちが増えてきた。学習障害（→ p.197），ADHD（→ p.197），アスペルガー症候群，高機能自閉症の子どもたちである。彼らはいじめの対象になっていることが多い。また，このような子どもたちが，個々のニーズに応じた支援を受けられるように考える心理学の領域である。

2．心理学の歴史

（1）近代心理学の成立

少なくとも古代ギリシアの時代から人々はこころの問題に関心を抱き，さまざまな研究が行われてきた。19 世紀には，人の感覚が生理学的視点から活発に研究されるようになった。19 世紀半ばにはフェヒナー（1801 － 1887）が，物理的世界と精神的世界の関係の解明を目指す精神物理学を提唱した。そこでは，たとえば，1 kg の重りをもったときに感覚的にはどれほどの重さに感じるのか，という物理量と感覚量との関係を，対数を使って表した「フェヒナーの法則」が提案されている。こういった研究が土壌となって，実験・観察を通してこころを解明しようという経験科学としての心理学が成立したのが，ヴント（1832 － 1920）がライプチヒ大学に世界初の心理学実験室をつくった 1879 年だといわれている。この実験室には世界中から研究者が集まり，そこでは反応時間や内観法による実験が行われた。そこで行われた内観法は，よく訓練された者が外部からの刺激に対して自分の意識の中で起こったことを報告するというもので，そこから意識を感覚や感情といった要素に分けてそれらの関係性や結びつき方を調べるのが狙いであった。

（2）行動主義

ヴントの弟子のティチェナー（1867 － 1927）は，ヴントの考えを極端に推し進め，こころというものがあってそれは何で構成されているのか，という構成主義と呼ばれる静的なとらえ方をした。それに対し，進化論を背景にアメリカで盛んになったジェームズ（1842 － 1910）をはじめとする機能主義の立場では，こころは環境に適応するための手段だとして，そんなこころの機能を解明するという動的なとらえ方をした。そんな中で，意識や言語による報告といった主観的なものを排除して，客観的に観察できる行動から機能を追究しようという行動主義という流れが生まれた。1913 年にワトソン（1878 － 1958）が「行動主義者から見た心理学」という論文を発表し，それが行動主義宣言と呼ばれている。ワトソンは，研究の対象は客観的に観察可能な刺激（S）とそれに対する反応（R）であり，ヴントが研究対象とした意識などという主観的なものを排除した。そして，人の行動を，SとRの結びつきの連鎖で理解しようとした。加えて，自分に健康な乳児と自由にできる環境を用意してくれればどんな専門家にも育ててみせると豪語したように，遺伝か環境かという問題では環境を重視した。また，脳が思考の中枢でありそこでさまざまな行動の決定が行われると考えるのではなく，思考とは単なる咽頭の動揺と考えて人の行動を筋肉の反射のように説明しようとした。

（3）新行動主義

ワトソンの行動主義ではSとRの結びつきのみを取り上げたが，後に，SとRの間に介在する人や動物という生活体（O）の役割を考慮しないと説明できない実験結果も現れた。たとえばトールマン（1886 － 1959）らは，ゴールしても餌がない条件で迷路課題をしたネズミは，餌がなくても潜在的に迷路という環境を学習しており，後にゴールしたら餌が与えられるようになると学習した内容を利用してスイスイとゴールにたどり着けるようになることを示した。このようにOの役割も評価しようという流れを新行動主義という。新行動主義に分類される研究者にはこのトールマンの他に，ハル（1884 － 1952），スキナー（1904 － 1990）らがいるが，彼らの主張には相違もみられる。

（4）ゲシュタルト心理学

ヴントは，意識をいくつかの要素の集合としてとらえたものの，その集合体には個々の要素の性質からは説明できない新たな性質があると考えた。ヴントの他にも，メロディを移調させると個々の音は以前のものと違うのにメロディ自体は変わらないとわかることが指摘されていた。ドイツのヴェルトハイマー（1880 － 1943）は，1912年に「運動視に関する実験的研究」という論文で仮現運動を取り上げ，知覚は要素の単なる総和ではないということを実験的に示した。仮現運動とは，実際には運動していないものが運動しているように見える現象であり，パラパラ漫画のように少しずつずらした円の静止画を連続的に見せると円が動いているように見えるのはその例である。刺激と反応が一対一に対応する行動主義的な考え方では，静止画は常に止まっているものという知覚を与えることになり，それをどんなにつなげても運動視にはならない。したがって，知覚を個々の要素に分けるのではなく全体としてとらえなくてはならないとした。このヴェルトハイマーとケーラー（1887 － 1967），コフカ（1886 － 1941）が中心となって，ドイツで心理現象の全体性を重視するゲシュタルト心理学という学派ができた（ゲシュタルトとはドイツ語で形態の意味）。

（5）精神分析

オーストリアの精神科医のフロイト（1856 － 1939）は，人の行動の背後には意識だけでなく無意識が影響していると考え，19世紀末に精神分析を創始した。人の意識は海面に顔を出した氷山の一角のようなもので，水面下には無意識という大部分が隠れているとされる。覚醒後に特定の行動をするように指示されると，本人がその指示を思い出せなくてもその行動をしてしまうという後催眠暗示や，言い間違え，物忘れなどは無意識の働きによるものだと説明される。この無意識の内容を知るための手段としては，思いついたことを自由に言ってもらう自由連想法や夢の分析が用いられた。人の性格については，本能のままに欲求を満たそうとするエス（イド），道徳性を求める超自我，エスと超自我の調整役である自我という3つの要素のせめぎ合いで説明した。また，人の行動の原動力として，性の衝動を重視した。

フロイトの元に集まった研究者の中には，フロイトと決別して独自の理論を打ち立てた者が出てきた。ユング（1875 − 1961）は，フロイトが性の衝動を重視したのに対し，より広く生命力のようなエネルギーを考え，それが向かう方向によって外向性・内向性に分けるといった性格類型を提唱した。また，無意識を個人の無意識と人類に共通する集合的無意識に分類した。アドラー（1870 − 1937）は，フロイトがこころを要素に分けたのに対し，個人はそれ以上分けられない存在だとし，また劣等感を克服するための力が行動の原動力であるとした。ユングとアドラーの心理学はそれぞれ，分析心理学，個人心理学とも呼ばれている。

（6）人間性心理学

1960年代にマズロー（1908 − 1970）は，行動主義と精神分析に対する第三の勢力として人間性心理学を提唱した。行動主義が人を機械的にとらえ，精神分析が無意識の役割を重視するのに対し，人間性心理学は人の主体性を強調する。たとえばマズローの欲求階層の理論では，人の欲求は，まず生理的欲求，それがある程度満たされると次に安全への欲求というように階層構造をしており，その最上位に，各々が本来もっている能力を最大限発揮するという自己実現の欲求がある。つまり，人の行動には，空腹などの足りないものを満たすためだけでなく，より良い状態になりたいという成長の欲求によるものがあるとされる。人間性心理学に分類される研究者には，来談者中心療法を提唱したロジャーズ（1902 − 1987）や実存心理学のメイ（1909 − 1994）らがいる。

（7）認知心理学

行動主義から新行動主義への流れは，人の内部でどんなことが行われているのかという内的過程への関心を高めた。そんな中で，1950 年代後半より，コンピューター技術の発展に伴い，人を一種の情報処理システムとみなして理解しようとする流れが現れた。これを認知心理学という。そこでは，人の身体はハードウェア，こころはソフトウェアのようなものとみなし，人がどのような情報処理を行っているのかを解明しようとする。なお，知的システムへのアプローチには認知心理学以外にも，言語学，哲学，神経科学，人工知能研究などさまざまあり，1970 年代の終わりに学際分野としての認知科学が登場した。

3．心理学研究法

心理学は人間を理解する手段の一つである。心理学史の中で研究法は，自然科学の方法を取り入れ，一定の科学的方法を用いてきた。科学的方法とは,「科学的な認識に到達するために必要な実証的・論理的な研究法」(広辞苑第６版)である。心理学が対象とする人間の「こころ」は，複雑でとらえどころのないものであり，時代の流れに伴う自然環境や社会構造・情報・文化の変化は，人のこころのあり様と人間関係に大きな影響を与えている。したがって,「実証的・論理的」かつ「実践的」研究が重要となる。これまでの心理学研究を大別すると，一般的な法則や理論を導く法則定位的研究法と，対象者一人ひとりに焦点をあてる個性記述的研究法がある。基本は対象を観察することであり，観察された問題から課題を概念づけ，問題解決の方法を選択・工夫し主題となる仮説を検証していく。心理学研究に期待されることは，得られた成果を人間理解と支援に活用することであり，研究対象への特別な配慮と倫理が不可欠である。

(１) 倫理

人間理解を目指し対人援助につなげる心理学研究は，対象とする個人（研究協力者）の人権を尊重し敬意をもって行われなければならない。したがって，研究における倫理が極めて重要であり，心理学研究諸団体において倫理綱領が作成され，専門職上の社会的責任と，研究協力者に対する配慮義務を定めている。各倫理規定の基本的事項は，人権尊重・秘密保持の厳守・研究協力への十分な説明と同意・研究公表に伴う責任と倫理の尊守である。

（2）研究の進め方

研究の進め方は，人間理解について「何を知りたいのか」「どんな課題があるのか」といった問題意識から始まる。たとえば，「人および動物の感情や行動を制御することは可能か」「なぜ人は人をいじめるのか」「知能と社会性の発達変化にはどのような相関があるか」などと研究課題を絞り込んでいく。次に仮説を立てる。先の例では，「人は自分より強い者には従順であるが，弱い者には攻撃的に振る舞う」などの仮説を立てる。また，文献研究は重要であり，これまで研究されてきた「いじめ」や「動物の群れ行動」に関する研究論文（先行研究）や関連書籍を見つけ，研究手続き・結果・考察から学び参考にする。

次に，研究目的を明確にして研究の方法と手続きを組み立てる。結果の整理方法は，数値化されたものは，数値の性質によりデータを要約・整理する。心理統計法により相関関係を見出す方法，一部の標本から全体の特性を推測する方法，観察された事象を分析的に解釈する方法，相関関係と分析的解釈を組み合わせる方法など，研究の内容と目的に応じて選択する。

現在，心理臨床分野では対象者の治療・教育・援助を目的に実践研究が進められている。たとえば，発達障害児への治療教育，精神障害者への就労支援，高次脳機能障害者へのリハビリテーションなど，学校・病院・施設・研究機関の現場と連携した研究活動がある。いずれも，治療と研究の目的を併せもち，実際の臨床場面で対象者とかかわる過程で行われる研究である。これは，研究目的を共有する専門家が，各自の専門性を発揮して行う協働研究である。

（3）心理学の研究方法

心理学の研究方法は，人（および動物）の行動を観察し事実を積み重ねていくことが基本である。その結果，得られた事実から新たな知識体系を構成していく。具体的な研究方法は，観察法，実験法，調査法，面接法，検査法，事例研究がある。いずれも，目の前の現象を観察し記述することから始まる。

観察法は，対象を理解するための第一歩であり行動を注意深く見ることである。自然観察法，実験観察法がある。自然観察法は，自然な状況（日常的な条件下）で対象に与える影響を，最低限におさえて行う観察である。たとえば，保育施設での子どもと保育者との関係性に関する研究の場合，適度な距離を保って観察したとしても，日常活動に影響を与えてしまう。そこで，観察者も活動に参加しながら観察する参加観察法を用いる。実験観察法は，実験法と同じく統制された条件のもとで行う観察である。

実験法は，観察された事柄がどのような条件で生じるのかについて仮説を立て，操作的に変化を観察する方法である。実験室で何らかの装置を使うイメージがあるが，心理学実験では他の自然科学の実験のように何度も同じ結果を得ることは難しい。実験の基本は，実験者が研究目的により設定された観察場面において，性別･年齢などの性質の違う実験協力者を対象に，呈示する刺激（独立変数）を変化させ，どのような反応や行動（従属変数）が見られるかを観察することである。

調査法は，質問紙を用いて個人の行動様式や態度・意見・信念・感情などについて，該当する項目や評価の尺度を選択する形式や，自由記述で回答した内容を分析研究する方法である。基本的には，研究目的とする内容（構成概念）を明確に定義することが重要であり，作成する質問内容が調査・研究に値するかを十分に検討（予備調査）して，妥当性（測定したい概念を十分に測定していること）が必要である。また，調査した内容は再度の調査においても同一の結果が，得られるという信頼性があるものでなければならない。

面接法は，特定の目的をもった人と人が直接対面し，必要な事柄について話し言葉を通して行われる。調査的面接法としては，調査する目的により，個人や集団と面接し必要な情報を収集する。臨床的面接法には，心理療法やカウンセリングがあり，心理治療や教育・医療・看護・発達や障害支援など実践的な支援活動につながる重要な方法である。目的に応じて，個人面接法と集団面接法を使い分ける。また，面接形式は，準備された質問紙を用いて行う構造化面接と，自由面接の形式で行うために高い専門性と熟練度が必要な非構造化面接がある。その中間に半構造化面接がある。たとえば，障害の早期発見では，診断基準（ICD や DSM）に基づいた判別と，臨床場面での行動観察および養育者や家族への問診と，経過観察により総合的診断（鑑別診断）を行う。

検査法は，標準化された心理検査を用いて，個人や集団の特性を明らかにしようとするものである。個人の能力を測定する知能検査や発達検査，性格特性や適正に関するパーソナリティー検査がある。また，ロールシャッハ･テスト，主題統覚検査（TAT），文章完成テスト，描画テストなどの投影法がある。実施にあたっては，対象者と検査者との良好な関係（ラポール）をつくり，検査の必要性と，心理アセスメントの目的を検討して実施する。必要に応じて複数の検査を組み合わせる。検査結果は慎重に解釈され，対象者の幸福のために活用される。

事例研究は，臨床的な個人の事象を研究する。すなわち，治療･教育･障害･福祉・矯正・看護などの現実の臨床活動において，治療者が対象者との関係性を基盤に直接に働きかけ，対象者をより深く理解し，具体的な支援の方策を探求する実践的研究につながる重要な研究方法である。

4．心理統計

（1）データの種類

データと一口に言っても，持っている情報によって４種類に分けられる。一番情報が少ないのは名義尺度で，性別や血液型のようにカテゴリーに分類するだけである。その次が，マラソンの順位のように値に大小関係がある順序尺度である。さらに，値が等間隔に並んでいるのが間隔尺度である。間隔尺度ではゼロの位置を自由に決められるが，それを自由に動かせないのが比尺度である。

データの種類によって計算できる指標や使える分析が異なる。たとえば，データの合計を要素数で割る算術平均（これ以降は単に平均と記す）は，間隔尺度か比尺度で計算できる。

（2）差があるか調べる

a．t 検定

t 検定では２つの条件間に差があるかどうかを調べる。t 検定には何種類かあるが，ここではその中のデータに対応がない場合の方法を取り上げる。また，それを通して，統計学で仮説を調べる際の基本的な考え方を理解しよう。なお，t 検定を行うには前提条件があるが，ここでは省略する。

ここでは例として，幸福感の度合いに男女差があるか調べたいとしよう。世の男性と女性すべてについて調べるわけにはいかないので，男女それぞれ 15 名ずつを無作為に選んで，幸福感の度合いを 10 点満点で点数をつけてもらったとする。手にした男女各 15 名のデータから男女別の平均が計算できるわけだが，本当に知りたいのはそれらに差があるかではなく，世の男性全体と女性全体の平均に差があるかである。たとえば，手にしたデータの男性の平均が 4 で女性の平均が 7 だったとする。このとき男女で平均が 3 違うものの，実は世の男性全体と女性全体の平均は一緒で，手にしたデータがたまたま偏っていただけなのかもしれない。

ここで，本当に知りたい集団（ここでは世の男性全体と女性全体）を母集団といい，母集団のことを知るためにそこから取り出した要素（ここでは無作為に選んだ男女各 15 名）を標本という。なお，母集団の平均を母平均といい，標本で計算される平均を標本平均という。手に入れられるのは標本平均の方だが，本当に知りたいのは母平均についてである。今回の問題を整理すると，「男女の幸福感の母平均に差がない」という仮説と「男女の幸福感の母平均に差がある」という仮説のどちらを採択すべきか，ということになる。ここでは，前者が帰無仮説，後者が対立仮説という仮説にあたる。ただし，母平均は知りようがないので，下される判断はあくまで標本を元にした推測でしかないことに注意しよう。したがって，いつも正しい判断を下せるとは限らず，下した判断が実は間違っているというリスクもはらんでいる。

t 検定では，手にした標本から t という値を計算する。そして，帰無仮説が正しいと仮定して，今回やったように母集団から無作為に標本を取ってきて t 値を計算するということを何度も繰り返すことを想像しよう。このとき，今回手にした標本から計算された t 値が，帰無仮説の下では 100 回に 5 回しか入らないような極端な範囲（これを棄却域という）に入っている場合，そんな滅多に起きないことが起こったとは考えにくいので，前提の帰無仮説を棄却して対立仮説を採択する。このとき，「5% 水準で有意差がある」という。

b．分散分析

先ほどの t 検定は２つの条件間に差があるかを調べるのに対し，分散分析では，３条件以上の差を調べたり，複数の要因を扱うことができる。たとえば，部屋の温度と壁紙の色という２つの要因によって計算課題の成績にどのような影響が出るのか調べた実験のデータも扱える。分散分析にはさまざまなバリエーションがあり，それは実験のやり方（実験計画）と対応している。この実験計画によるデータにはこんな分散分析を利用する，ということが自ずと決まる。

（3）関連があるか調べる

a．相関係数

ここでは，２つの間に差があるかではなく，関連があるかを調べる方法をみていこう。これを視覚的に把握するには，一方を横軸，もう一方を縦軸にとって各人を点で表した図（散布図）を描くとよい。身長と体重のように，一方が高いともう一方も高ければ，散布図が右上がりになる。この関係を正の相関という。授業に対するやる気の度合いと欠席回数のように，一方が高いともう一方が低ければ，散布図が右下がりになる。この関係を負の相関という。どれほど関連があるかを表す指標としては，データが間隔尺度か比尺度の場合，ピアソンの積率相関係数がある。単に相関係数という場合はこれを指すことが多い（相関係数には他に，順序尺度のデータにも使えるものがある）。相関係数は，－１から１の範囲をとり，１に近いほど正の相関が強く，－１に近いほど負の相関が強く，０に近いほど相関がない。図序－１に，散布図と相関係数の例を示す。

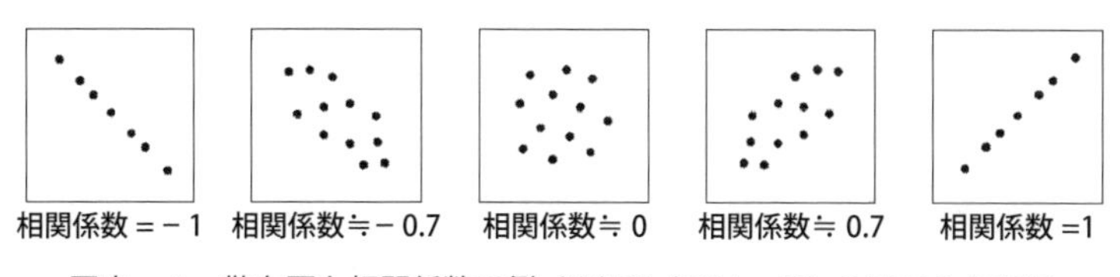

図序－１　散布図と相関係数の例（佐部利（2014, p.62）の図 11.3 を改変）

手にしたデータから計算される相関係数は，あくまで標本の相関係数である。相関係数を計算する際は，「母集団の相関係数が0である」という帰無仮説と「母集団の相関係数が0でない」という対立仮説のどちらを採択するか，という検定もよく行われる。対立仮説が採択されれば，母集団では少なくとも無相関でないと判断できる。

b．カイ2乗検定

上述の相関係数はデータが間隔尺度か比尺度の場合に使えたが，ここで取り上げるカイ2乗検定は他の尺度のデータにも使える。ここでは架空の例として，性別とある政策に対する賛否に関連があるか調べるために，無作為に選んだ88名の人に性別とその政策に賛成か反対かを尋ねたとする。まず，男性で賛成など，すべての組み合わせの人数を数えて表序－1を作成する。このような表をクロス表という。一般的には，行に原因とみなせるものを，列に結果とみなせるものを配置する。さらに，行について％を示すと，どんな関連があるのかわかりやすい。たとえば今回のデータでは，男性の多く（72.5%）が賛成と答えたのに対し，女性の多く（62.5%）が反対と答えたことがわかる。ここで行うカイ2乗検定では，「性別と賛否に関連がない」という帰無仮説と「性別と賛否に関連がある」という対立仮説のどちらを採択するべきかを判断することになる。

表序－1　クロス表の例（架空）

	賛成	反対	合計
男性	29（72.5%）	11（27.5%）	40
女性	18（37.5%）	30（62.5%）	48
合計	47（53.4%）	41（46.6%）	88

注）カッコ内は行についての％を示す。

（4）効果量

t検定やカイ2乗検定では，差の有無や関連の有無のみを判断した。だが，近年では差があるか（関連があるか）どうかだけでなく，どれだけ差があるか（関連があるか）ということも重視されるようになった。これを表す指標を効果量という。効果量の計算は分析の種類によって異なる。たとえば，上述した相関係数は，関連の強さを表す効果量の一つである。

（5）多様なデータを分析する

ここからは，さまざまな質問をした調査によるデータのような多様なデータを分析する手法をみていこう。このような手法の総称を多変量解析という。

a．重回帰分析

重回帰分析は，一つのもの（ただし間隔尺度か比尺度）を複数のもので説明しようとする際に用いられる。たとえば，多くの人に，幸福感の度合いの点数，年収，一週間当たりの余暇に使える時間を尋ねたデータがあるとして，幸福感を年収と余暇に使える時間で説明したいとする。このとき，重回帰分析では

$$\text{幸福感の点数の予測値} = A + B \times \text{年収} + C \times \text{余暇に使える時間}$$

という式（重回帰式）を考える。ここで，Ａは切片，ＢとＣはそれぞれ，年収と余暇に使える時間の偏回帰係数という。Ａ，Ｂ，Ｃの値は，この式による幸福感の点数の予測値と実際の幸福感の点数ができるだけ近くなるように推定される。年収と余暇に使える時間のどちらがより幸福感に影響するのか知りたい場合，ＢとＣの推定値（の絶対値）を比較したくなるのだが，今回取り上げた年収と余暇に使える時間では単位が違うので比較できない。そこで，単位が違っても比較できる標準偏回帰係数という指標もある。

b．因子分析

因子分析は，データは背後に潜んでいる少数の因子に影響されていると仮定し，データからその因子を取り出す分析手法である。たとえば，多くの人に「誰とでもすぐに仲良くなれる」といった人の性格を言い表すさまざまな項目についてどれだけ当てはまるかを７段階で答えてもらったデータがあるとする。多数の項目の中には，項目Ａによく当てはまる人は項目Ｂにもよく当てはまるといった相関関係があるものがある。因子分析では，それは，それらの項目が同じ因子から強く影響されているからだと考える。このデータを因子分析にかけ

れば，人の性格がどんな因子で構成されているのかがわかる。したがって，人の性格を言い表すのに多数の項目は必要なく，少数の因子に集約できるわけである。なお現在では，人の性格はビッグ・ファイブと呼ばれる５つの因子で表すことができるといわれている。

■ 引用文献

佐部利真吾（2014）．ワークブックで学ぶ統計学入門　現代数学社

■ 参考文献

南風原朝和（2002）．心理統計学の基礎　統合的理解のために　有斐閣
今田恵（1962）．心理学史　岩波書店
岩原信九郎（1965）．教育と心理のための推計学　新訂版　日本文化科学社
サトウタツヤ・鈴木朋子・荒川歩（編著）（2012）．心理学史　学文社
サトウタツヤ・高砂美樹（2003）．流れを読む心理学史　世界と日本の心理学　有斐閣
鵜沼秀行・長谷川桐（2016）．はじめての心理統計法　改訂版　東京図書

第1章 感覚・知覚

人は，さまざまな外の環境の中で日々生活をしている。それらの環境の刺激を受ける器官は，目，耳，鼻，舌，皮膚であり，そこで感じるのは視覚，聴覚，嗅覚，味覚，皮膚感覚，いわゆる五感である。感覚と知覚を区別しないことが多いが，感覚は外からの刺激が器官に入り脳に至るまでの経路をいい，知覚は脳に至った後，その刺激がわかることをいう。

江戸時代の俳人である山口素堂は，「目には青葉山ほととぎす初鰹」の俳句で，最初に「目には」とだけいった後の「耳には」「口には」を省略し，初夏を代表する風物3つを調子よく詠(よ)みこんでいる。このように，風物を感覚の視覚・聴覚・味覚で表現していると考えられる。

本章では，感覚・知覚について，さらに詳しく述べる。そして，一般のテキストでは述べられていない専門的な研究途上のことにも触れることにする。

1．感覚

（1）視覚

感覚器官の目は，刺激として入ってくる光の量の調節や焦点合わせを，すべて自動で一瞬のうちに行っている（図1－1)。黒目は，真ん中が黒く，まわりは茶色になっている。黒い部分は瞳孔（ひとみ）で，穴になっており，光はここから入ってくる。瞳孔のまわりの茶色は虹彩で，光の量を調節している。明るいあるいは暗いところでは，それぞれ光を少なくあるいは多く入るように，瞳孔を小さくあるいは大きくしている（茂木，1998)。

目は見たいものに合わせて，水晶体を厚くもしくは薄くして焦点を合わせている。厚さの調節は，毛様体（筋肉）が行っている。

図１－２のように木の上が下に，木の下が上となり，網膜には，像がさかさまに写っている。これを脳が上下に入れ替えて，私たちがふだん見ているように判断する。

見ようとする景色，人あるいは文字等が，光で感覚受容器の網膜の錐体と桿体（かんたい）に写される。そして，光から電気信号に変わり，網膜から視神経を経由して大脳の視覚野に送られる（図１－３)。

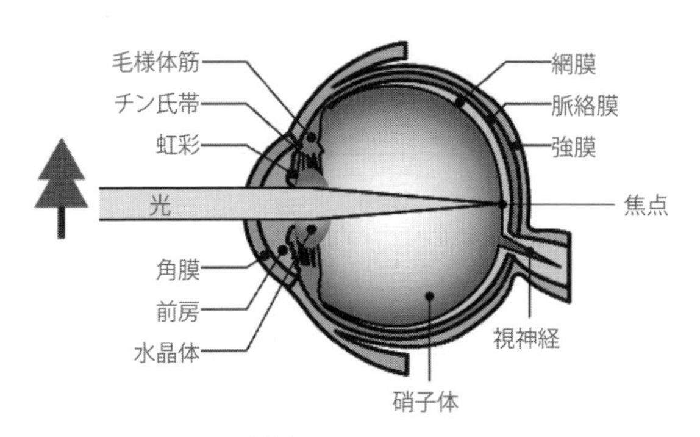

図１－１　目の構造（高見台クリニック，2013より）

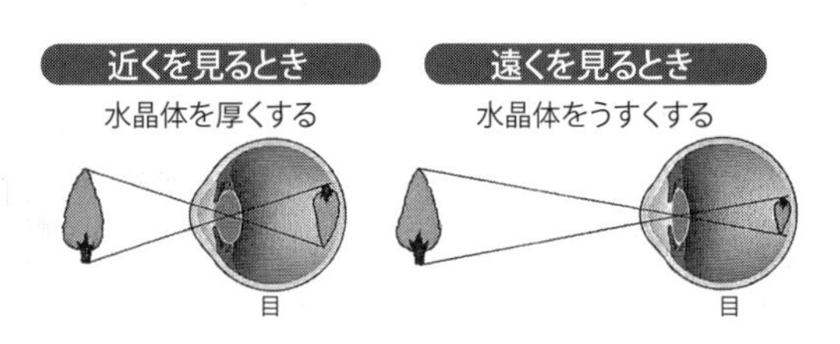

図１－２　網膜の像（茂木，1998より）

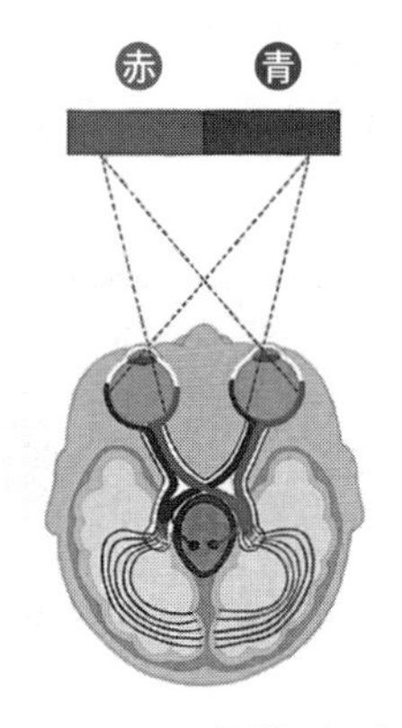

図１－３　視覚の経路
（茂木，1998より）

（2）聴覚

刺激である音は，感覚器官の耳の穴（外耳道）を奥へ進んで，鼓膜に当たる。次に，つち，きぬた，あぶみの耳小骨からなる中耳を経て，蝸牛の内耳に伝わる。内耳から聴神経を経て，大脳の聴覚野に至る（図1－4)。

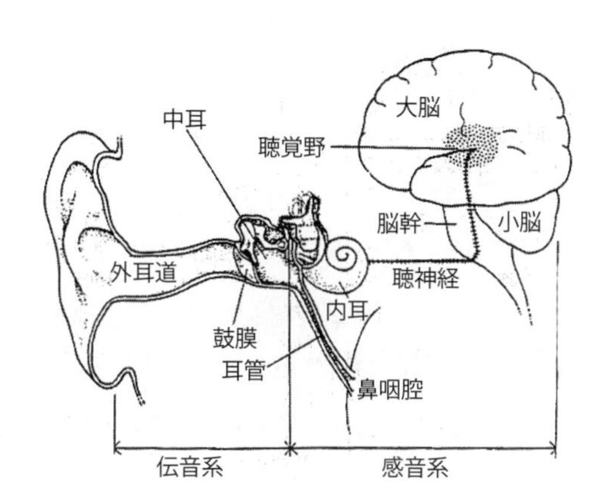

図1－4　聴覚の経路（永渕，2000より）

音は空気のふるえ（振動）で，耳からきた音が鼓膜に当たると，鼓膜が振動する。次に，耳小骨が振動し，音を聞きやすいように振動を徐々に大きくする。蝸牛に伝わると，中にはリンパ液が入っており，耳小骨の振動は液体の振動に変わる。液体の振動が，細い毛のついた感覚受容器（基底膜の有毛細胞）に伝わる。有毛細胞がこれまでの振動を電気信号に変えて，聴神経に伝え，聴神経は大脳の聴覚野に至り，どのような音かを判断する。

（3）その他の感覚

①皮膚感覚，②嗅覚，③味覚の刺激は，それぞれ①外的接触，②揮発性物質，③水溶性物質である。

感覚器官は，それぞれ①皮膚，②鼻，③舌である。感覚受容器は，それぞれ①皮膚下の神経終末，②鼻孔上皮の有毛細胞，③舌の味らいである。感覚経験は，①触感・圧感・冷温感，②匂い，③味（甘さ，酸っぱさ，塩辛さ，苦さ）である（大岸，2007)。

ほかに，④平衡感覚，⑤痛覚の刺激は，それぞれ④機械的圧力・重力，⑤過度に強い刺激，温度，化学，機械的刺激である。感覚器官は，それぞれ④内耳，⑤身体全体に広がる痛覚繊維網である。感覚受容器は，それぞれ④半規管と前庭器官の有毛細胞，⑤痛覚に特殊化した受容器，および過剰もしくは，異常に反応したニューロンである。感覚経験は，それぞれ④空間的働き，重力感，⑤鋭い痛み，鈍い痛みである。

2．知覚

（1）幾何学的錯視

図１－5，6は有名な幾何学的錯視を示している。大きさ，長さ，方向，角度などが，その客観的関係を写す網膜像の幾何学的関係とは，異なって知覚される。

左の図１－5では，物理的に同じ大きさの円で，それより大きな円に囲まれた方が，それより小さな円にかこまれた場合に比べて，小さく見える。

また，右の図１－6では，同じように物理的に同じ長さの線で，矢が外側についている線の方が内側についている線に比べて長く見える。

（2）形の知覚

東京駅前で待ち合わせた友人を見つけるとき，大勢の群集の中に友人の顔のみが浮かび上がって，見つけることができる。これは，図と地の分化の現象である。注意した友人の顔が図になり，注意しない大勢の群集は，背景の地となって知覚される。

図１－7,8は図と地の反転図形を示している。ルビンの杯（図１－7）では，

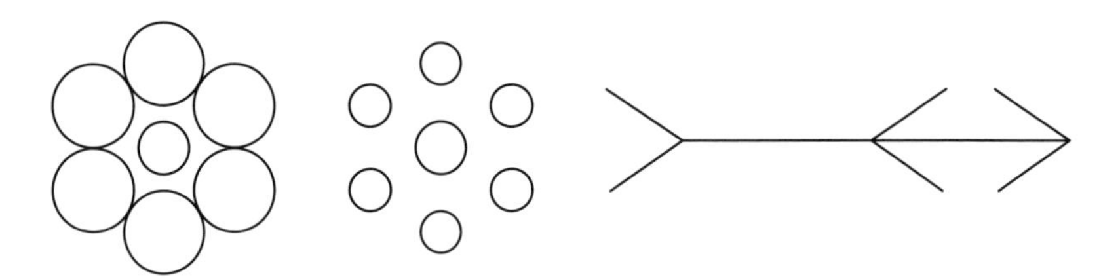

中心円の大きさが違って見える
図１－5　エビングハウスの図形
（上村，1990より）

左右の線の長さが違って見える
図１－6　ミュラー・リヤーの図形
（上村，1990より）

図1－7　ルビンの顔と杯
（ルビン，1921；稲葉，2004より）

図1－8　少女と老婆
（ボーリング，1930；稲葉，2004より）

顔と杯を同時に見ることは不可能である。顔を見たときは，白い部分は背景の地となる。他方，杯を見たときは，黒い部分は背景の地となる。

少女と老婆の図（図1－8）では，少女と見たものが図となり，その他が背景の地となる。一方，老婆を見たものが図となり，その他が背景の地となる。

（3）仮現運動

運動知覚の一つで，本当は静止しているのに，動いているように見える現象（見かけの運動）をいう。実際には静止画の連続である映画やテレビが，動いている画面のように見えるのも仮現運動によるものである。

（4）誘導運動

運動知覚の一種で，駅で静止している電車に乗っているとき，隣のホームの電車が動くと，あたかもこちらの電車が動いているように感じる現象をいう。

また，棒が立っている小川の流れをじっと見ていると，棒が流れに逆らって上の方に動いているように見えるのも誘導運動によるものである。

3．感覚・知覚・認知の違い

（1）視覚による感覚・知覚・認知の違い

図１－９のように人が歩道を歩いている際，向こうから自転車が猛スピードで近づいてきたとき，急いで自転車をよける行動を考える。

まず自転車（光）が目に入り，網膜に写り，光から電気信号に変わり，視神経に伝わり，大脳の視覚野に至る。ここまでが視覚による感覚である。

次に，自転車がこれまで見た自転車だとわかるのが知覚である。さらに，自転車をよけようとする行動が，認知による行動である（中村，1991）。このよけようとする行動を知覚によるという人もいる（渋谷・小野寺，2008）。

この自転車をよけようとする行動は，ある人は右へ，別な人は左へあるいは後へ行く。これまでの経験や，そのときの心理状態によって認知が働き，行動

図１－９　感覚・知覚・認知の違い
（渋谷他，2008；マイクロソフト，クリップアートより作成）

する。感覚（知覚）は同じでも，知覚（認知）は人によって異なっている。

このように感覚・知覚・認知は，人によって使い方が異なる。区別しないでまとめて知覚といったりする。

また別の例で感覚・知覚・認知を区別する。道路を歩いていて，向かって人が歩いてきたとき，誰かわからないが，人が歩いてきたとわかるのが感覚である。それが，男かあるいは女か，わかるのが知覚である。最後に，男が2名，女が3名，計5名の人とわかるのが認知である。

（2）聴覚による感覚・知覚・認知の違い

何かの音がした際，聞こえるか，あるいは聞こえないかのみがわかったとき，より感覚的といえる。どのような音か，あるいは何の音か，誰の声かがわかったとき，より知覚的といえる。楽しい，あるいはさびしい，かなしい音楽か，おだやかな声かがわかったとき，より認知的といえる（牧野，1970)。

4．視覚・聴覚誘発電位

視覚・聴覚誘発電位とは，視覚（光）または聴覚（音）刺激による脳の反応を電位でとらえたものである。たとえば，図1－10は聴覚刺激による聴覚誘発電位を測定する方法を示している。脳波を測定しながら，音刺激を1秒間隔で256回与える。各刺激開始時点より512ms間の脳波を取り出し，各脳波サンプルを時間軸で揃えて加算し，平均誘発電位を算出する（北島・沖田，1985)。

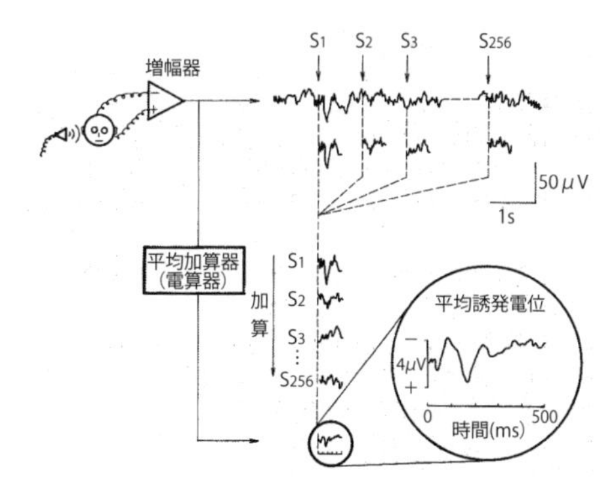

図1－10　聴覚誘発電位測定方法
（北島・沖田，1985より）

（1）視覚誘発電位

図１－11は，ネコを被験体とした視覚誘発電位を示している（シバガキ・キヨノ・カワシマほか，1985）。このように，心理学実験では人で行うことができない場合，動物を被験体として用いることが多い（図１－12）。5Hzの閃光刺激を64回与えた後，平均誘発電位を算出している。続いて，図中の線が最低のところＰ１から，最高のところＮ１までの長さPAを測定し，電位に換算して脳の性質を調べている。

閃光刺激はコンピュータより駆動し，１Hzから30Hzまで漸増（ぜんぞう）し，さらに１Hzへ漸減（ぜんげん）する。また，30Hzから始めて１Hzまで漸減し，さらに30Hzまで漸増した。閃光刺激周波数ごとに導出された視覚誘発電位は，64回の加算平均誘発電位として記録された（渡辺・川島・芝垣ほか，1983）。

閃光刺激周波数が漸増するにしたがって，視覚誘発電位の振幅（図１－11のPA）および最短潜時（図中のLN1，ピーク・レーテンシー，→ p.197）は，13Hzから20Hzの間で急に変化することが見られた。閃光刺激周波数の漸減時は，漸増時と比べ反応の仕方にかなり大きな差が見られた（図１－13）。

このように，視覚誘発電位を調べることによって，律動的な閃光刺激を周波数の漸増および漸減の形で与えた場合に，出現する履歴現象の道筋（ヒステリシス，→ p.197）の違い，位相の急な変化などから，脳にはかなり複雑な非線形（→ p.197）を持った発信系（→ p.197）があることが予想された。

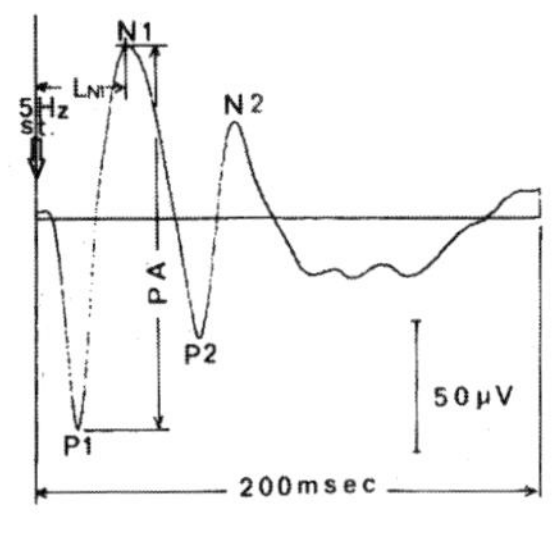

図１－11　視覚誘発電位
（シバガキ他，1985）

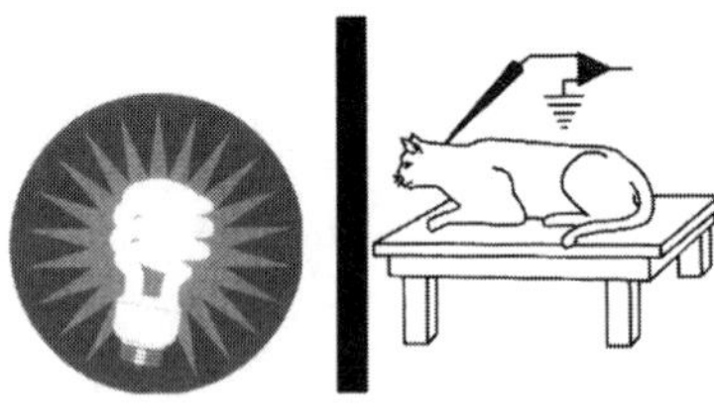

図１－12　ネコの視覚誘発電位実験
（岡田，2005；マイクロソフト，
クリップアートより作成）

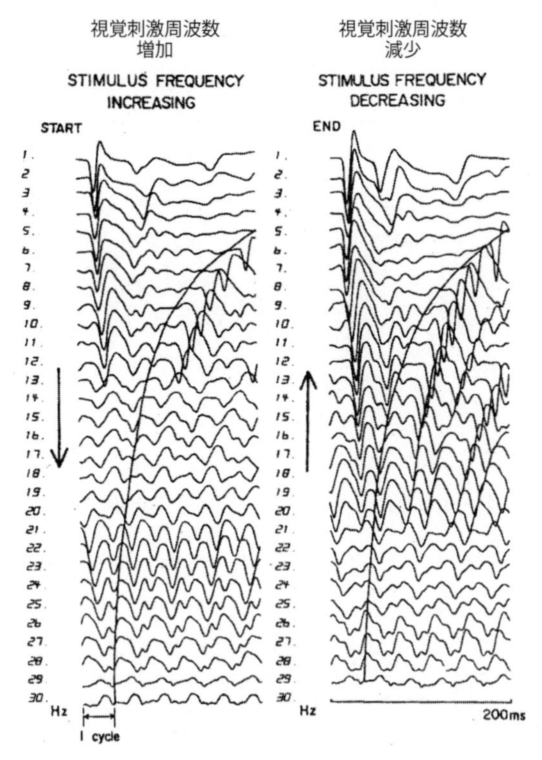

図1－13　ネコの閃光刺激による視覚誘発電位
（渡辺他，1983より）

（2）聴覚刺激による皮膚電気活動

シバガキ・ヤマナカ（1990）は，健常幼児とADHD（→ p.197）幼児の注意を聴覚刺激によって，うそ発見で用いられている皮膚電気活動（→ p.197）で調べている。10回の音刺激で，健常幼児は第1回から第10回まで試行が進むにしたがって，皮膚電気活動の減少が見られた。これは，幼児によって試行が進むにしたがって，刺激に特別な意味がなくなり，注意が幼児に喚起されなくなり，やがて慣れが生じたためである（図1－14）。

しかし，あるADHD幼児は，第1回目の試行でわずかな皮膚電気活動が見られたが，第２回から第 10 回の試行のすべてで，皮膚電気活動が出現しなかった（図１－ 15）。

この ADHD 幼児にとっては，第２回目試行からの音刺激はまったく意味がなくなり，注意が喚起されなくなったと推測された。

このように，音刺激に対して喚起される注意が極めて少ない幼児の場合，日常保育場面においては，音刺激（言葉）のみによる働きかけでは不十分である。確実なアイコンタクトをとって，あるいは具体物を提示し言葉をかけるか，あるいは身体的接触を伴っての言語的働きかけをしていくことが効果的であり，必要なのではないかと示唆される。これは聴覚のみでなく視覚や触覚から同時に刺激を与えることが，彼らにとって注意を喚起しやすい条件になると考えられるからである。こうしたことは，障害児保育で実践していることを生理心理学（→ p.197）的に裏づけるものといえ，今後の研究課題になる。

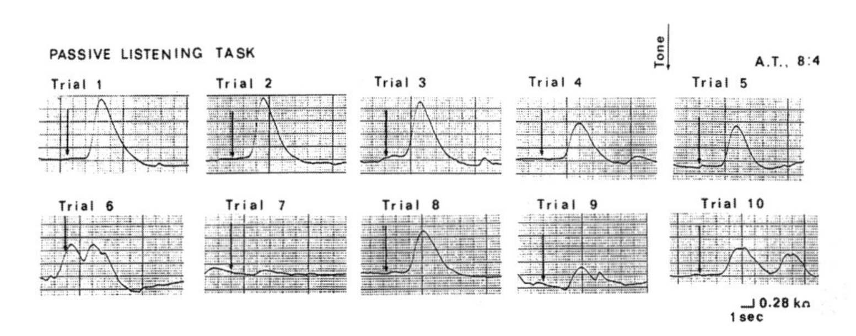

図１－ 14　健常幼児の音刺激による皮膚電気活動

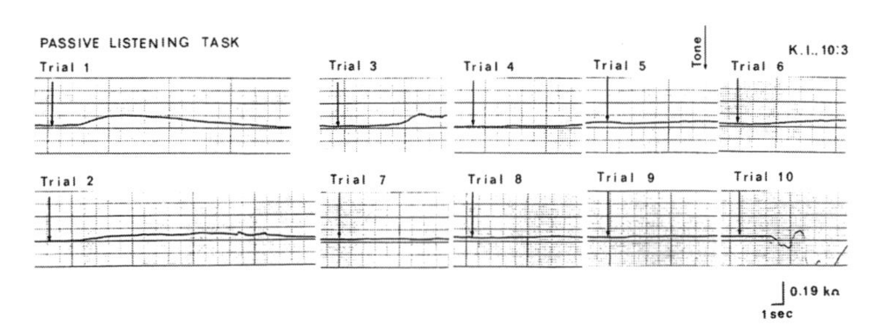

図１－ 15　ADHD 幼児の音刺激による皮膚電気活動

5．視覚・聴覚による夢

成人では一夜に４～５回くらいの夢を見る。このときは，目が急に動いているのでRapid eye movementの略でREM睡眠とよばれている。フロイトによると，「夢は昼間に起きている時に，見たり聞いたりなど経験したことの再現である」とされている。

岡田斉（2011）によれば，５歳以前に視力を失った人は，大人になっても夢の中に視覚的イメージがあらわれない。しかし，７歳以降に視力を失った人は，夢の中に視覚的イメージがあらわれる。このように，先天盲あるいは５～７歳以前に視力を失った人たちは，視覚的内容のない夢を見るというのが，これまで一般的にいわれている（ケー，2000）。

幼児期から補聴器を使用している先天的聴覚障害者は，「補聴器を幼児期から使用したものの，夢の中に音はまったく出てこない」と言っている。そして，「先天的盲人は音のみの夢を見るらしいと聞いて，同じだなと思った」とも言っている（脇中，2009）。

以上のことをまとめると，先天的に目が見えない視覚障害，あるいは耳が聞こえない聴覚障害のある人は，それぞれ視覚あるいは聴覚に関係する夢を見ない。あるいは，それに関連する夢が非常に少ないと考えられる。

著者が数十年間調べてきた知的障害児の夜間睡眠中の夢は，同年齢の健常児に比べて少ない。上述したフロイトの夢の考察から，知的障害児は健常児に比べて，昼間見たり聞いたりなどの経験が少ないので，その再現である夢を見ることも少なくなると考えられる。そこで，家族には，子どもたちにさまざまなことをできる限り多く経験させるようお願いしている。そうすれば，子どもたちはその再現である夢をたくさん見ることになる（シバガキ・サワタ・タチバナ，2004）。

6．子どもの知覚

（1）赤ん坊の奥行知覚

有名なギブソンの実験があり，さまざまな発達心理学のテキストに引用されている。6～7カ月の這うことのできる赤ちゃんを，図1－16のような状況でお母さんがよぶと，赤ちゃんはお母さんの方へ這っていく。ところが，上面とガラスの境のところで止まる。赤ちゃんがいる面と，ガラスを通して見える面の格子模様を手がかりに，段差を知覚（奥行を知覚）しているのである。

図1－16　赤ちゃんの奥行知覚
（林，2010より作成）

（2）自閉症児の知覚

健常児は図1－17を見ると，「おじさんがすたすた歩いている」という。しかし，ある自閉症児（→p.197）は，「サンサンサン」と答えている（小林，1999）。自閉症児は，全体を見ないである一部分のみを見ているようである。

図1－17　歩いている人
（小林，1999より）

7．視覚に伴う眼球運動

人はあるものを見るとき，それが動かないとじっと見る。ゆっくり動く，あるいは急に動くと，ゆっくりあるいは急に追って見る。このときに伴う眼球運動（→p.198）は，それぞれ注視による停留，追跡および衝動性眼球運動という。

このように見る（視覚）に伴う眼球運動について，図1－18のように人の頭の中に針を刺して脳の細胞の活動を調べることは，非常に困難である。そこで，人に一番近い動物であるサルを被験体として用い，実験が行われている（ノダ・アソウ・シバガキ，1977）。

サルの頭の中に針を刺して，正面の小さな緑丸を見ているときの，小脳プルキンエ細胞（→ p.198）（場所は片葉）の電気活動を調べている。

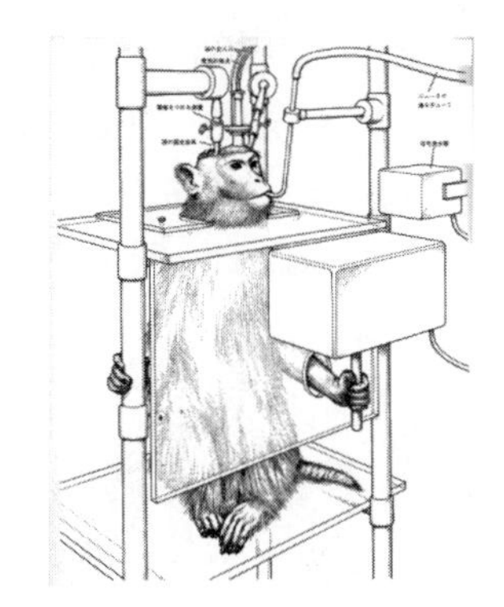

図1－18　サルの脳細胞を調べる実験
（塚田，1977より）

図1－19はサルが正面の緑丸が停留しているのを注視している。次に，緑丸が急に左右に動いた際，サルがそれを追って目を動かしたとき，小脳の細胞一個（ユニット）の発火（電気活動）を記録したものである。このとき，図中の上の黒い線が小脳の細胞の発火を，図中下のHが水平（左右）方向の目の動き（眼球運動）を，Vが目の垂直（上下）方向の動きを示している。

サルは緑丸が急に左方向（図中Hが下から斜め上に動く）に動いたのを追って見る（衝動性眼球運動が起こる）と，小脳の細胞の発火が非常に起こって線が真っ黒になっている。反対に，緑丸が急に右側方向（図中Hが上から斜め下

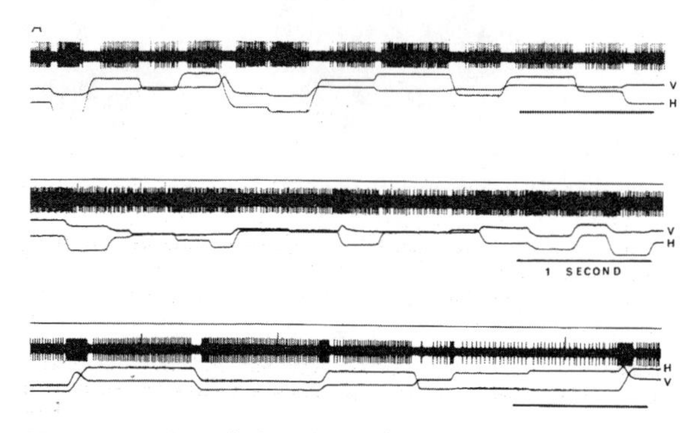

図1－19　サルの視覚に伴う眼球運動と小脳細胞の電気活動
（ノダ他，1977より作成）

へ動く）に動いたのを追って見ると，小脳の細胞の発火がまったく起こっていないので線がない（図１－19，下図）。

このように，サルが何かをじっと見ているか，急にそれが動いたのを追って見る（視覚に伴う眼球運動が起こって）に伴って，小脳の細胞が働いているのがわかる。

8．fMRIを使って調べられた認知

fMRI（ファンクショナル・マグネティック・リゾナンス・イメージング：機能的磁気共鳴映像法，→ p.198）は，医療現場において，身体にある癌を見つけるために多く使われている。このfMRIを使って，認知における脳の活動が調べられている。川島らが調べた計算するときの脳の活動は，簡単な計算をしている場合には，図１－20の斜線で示されたように，左右の脳の広い範囲が活発に働いていた（新星出版編集部，2007）。また，複雑な計算をしている場合には，同じく図１－20の斜線で示されているように，左の脳のみが働いて

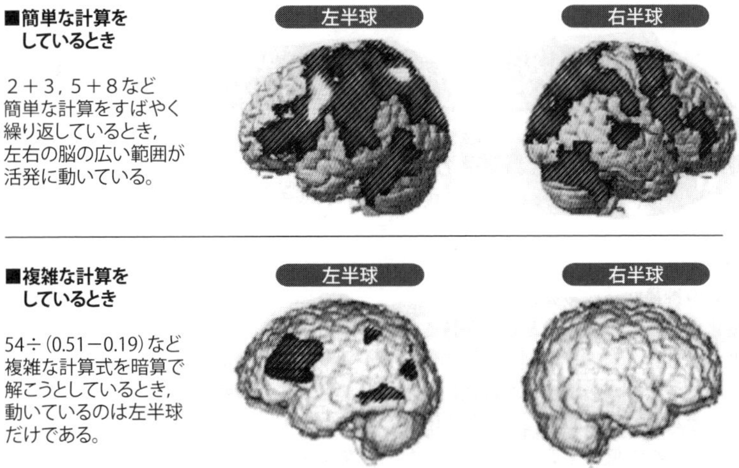

■簡単な計算をしているとき

２＋３，５＋８など簡単な計算をすばやく繰り返しているとき，左右の脳の広い範囲が活発に動いている。

左半球　右半球

■複雑な計算をしているとき

54÷(0.51−0.19)など複雑な計算式を暗算で解こうとしているとき，動いているのは左半球だけである。

左半球　右半球

図１－20　計算するときの脳活動（新星出版編集部，2007）

いた。

これまでは，前述したように，心理学における視覚・聴覚の脳の電気活動は，脳波を使って頭皮上から調べられてきた。しかし，このような心理的活動は，fMRIを使えば，脳の中におけるいずれの部分が働いているかで調べることが可能になった。そして，医療の分野で使われているfMRIは，心理学の分野でも使われるようになった。しかし，このfMRIは高額なので，大学におけるいずれの心理学研究室にもあるわけでない。

コラム

胎教の効果はあるのか？

豊かな環境は大脳皮質が厚くなり，学習能力が向上する。また，妊娠中の豊かな環境も出生仔の学習能力が向上する。

「ローゼンツヴァイクらの豊かな環境条件は，大きいケージに10-12匹のラットを入れ，多くのストックから10種類くらいの遊具を加え，毎日取り換え集団生活させる（図1－21）。ラットはケージをよじ登り，遊具や仲間とたわむれる。その反対の貧しい環境条件は，小さなケージにラットを1匹だけ入れ，遊具も与えず，隔離・独房生活させる」（清野，1985）。

余談になるが，筆者は恩師である元鳴門教育大学副学長清野茂博教授の要望により，カリフォルニア大学バークリー校のローゼンツヴァイク教授・研究室

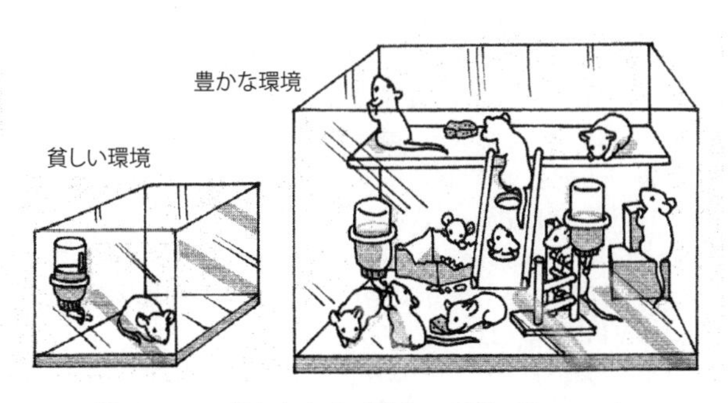

図1－21 豊かなおよび貧しい環境（林，2008）

を訪問した。そして，この実験を行う際の助言を彼から直接に受けた。

ヘップ・ウイリアムズの迷路学習（→ p.198）によると，豊かな環境はエラーが少なくなる。出生前（妊娠中）の豊かな環境は，同じくエラーが少なくなる。

「このことは出生前の妊娠中にも，母親のおかれている環境が胎仔（たぶん，その脳）に影響を及ぼしていることを示唆している。胎児が外界から加えられた振動・音刺激や匂い刺激に反応し，母親をとりまく環境も大切だということを改めて認識させる」。

「これらの話がどの程度人に当てはまるかは不明だが，人にも共通な何かを示しているものであることは確かだろう」（清野，1985）。

■ 引用文献

林洋一（監修）（2005）．やさしくわかる発達心理学　ナツメ社　p.117.
林洋一（監修）（2010）．よくわかる発達心理学　第2版　ナツメ社　p.69.
稲葉小由紀（2004）．感覚・知覚のしくみ　宮沢秀次・二宮克美・大野木裕明（編）ガイドライン自分でできる心理学　ナカニシヤ出版　pp.9-13.
Kerr，N. H.（2000）．Dreaming, imagery and perception. In M.H. Kryger, T. Roth, & W. C. Dement（Eds.），*Principle and Practice of Sleep Medicine*. 3rd ed. 6, W. H. Saunders, pp. 482-491.
北島象司・沖田庸嵩（1985）．誘発電位　宮田洋・藤沢清・柿木昇治（編）　生理心理学　朝倉書店　pp.25-36.
清野茂博（1985）．脳の行動と発達　出浦滋之（他著）脳と神経のはたらき　看護医学出版　pp.77-100.
小林隆児（1999）．自閉症の発達精神病理と治療　岩崎学術出版社　p.31.
牧野達郎（1970）．感覚・知覚・認知の概念について述べよ　東洋・大山正・詫摩武俊・藤永保（編）心理学の基礎知識　有斐閣　p.91.
茂木俊彦（監修）池谷尚剛（編）（1998）．目の不自由な子どもたち　大月書店　p.3.
永渕正昭（2000）．障害者のリハビリと福祉　東北大学出版会　p.108.
中村希明（1991）．心理学おもしろ入門　講談社　1991　pp.41-82.
Noda, H., Asoh, R. & Shibagaki, M.（1977）．Floccular unit activity associated with eye movements and fixation. In R. Baker ,& A. Berthoz（Eds.），*Control of gaze by brain stem neurons*. Elsevier North-Holland, pp.371-380.
大岸通孝（2007）．外部環境をとらえる（感覚・知覚）　塩見邦雄（編）対話で学ぶ心理学　第2版　ナカニシヤ出版　pp.23-47.
岡田斉（2011）．「夢」の認知心理学　勁草書房　p.114.
岡田隆（2005）．脳と知覚　岡田隆・廣中直行・宮森孝史　生理心理学　サイエンス社

pp.45-60.
Shibagaki, M., Kiyono, S., Kawashima, T., & Watanabe, T.（1985）Non-linearity of visual evoked-potentials in cerveau isole and mid-pontine pretrigeminal cats. *Electroencephalography and Clinical Neurophysiology*, pp. 65-73.
Shibagaki, M. & Yamanaka, T.（1990）Attention of preschool children: Electrodermal activity during auditory stimulation. *Perceptual and Motor Skills*, pp. 207-215.
渋谷昌三・小野寺敦子（2006）．手にとるように心理学がわかる本　かんき出版　p.41.
新星出版社編集部（編）中村克樹（監修）（2007）．徹底図解　脳のしくみ　新星出版社　p.127.
高見台クリニック作成「目の構造と仕組み」<http://3.bp.blogspot.com/_mzD9u0kOQhY/S_FtY_BRrdI/AAAAAAAAAvU/X9N0Q0RTSg0/s1600/sikumi.gif>（2013 年 9 月 9 日）
塚田裕三（編）（1977）．別冊サイエンス　サイエンスイラストレイテッド 4　日本経済新聞社　p.38.
上村保子（1990）．感覚・知覚　詫摩武俊（編）心理学　改訂版　新曜社　pp.12-30.
脇中起余子（1999）．認知と言語　中野善達・吉野公喜（編著）聴覚障害の心理　田研出版　pp.65-80.
渡辺悟・川島卓・芝垣正光・三宅彰英（1983）．ネコ睡眠時の光誘発反応の非線形　1983 年度科学研究費報告書　p.21.

■ 参考文献

水野嘉夫（監修）（2008）．徹底図解　からだのしくみ　新星出版社
外林大作・辻正三・島津一夫・能見義博（編）（1971）．心理学辞典　誠信書房

第2章
学習

1．学習とは

心理学における学習とは，学校の勉強のことのみを指すものではない。私たちの日常生活の行動の多くは，学習することによって習得されたものであると考えられている。学校で勉強して知識を得ることも学習であり，一度失敗したことを繰り返さないことも学習であるし，できないことができるようになることも学習が成立したといえる。つまり，行動が変化すること，それが学習である。学習を理解する前に，私たちの行動について整理しておく。

（1）生得的行動

先に“私たちの日常生活の行動の多くは学習によって習得されたもの”と記したが，生物には生まれながらに身についている行動がある。走性，反射，本能といった行動である。これらを生得的行動という。

走性は，光・熱・匂いなどの特定の刺激に対して身体を移動させる行動である。たとえば，蛾が光に向かって飛んでいく行動や，魚が流れに逆らって泳ぐこともこれにあたる。反射は目にほこりが入ったときに瞬きをするなど，走性ほど全身的ではなく，体の一部に限定される行動である。人間では発達初期の乳児に多く見られ，把握反射や吸てつ反射などがある。本能は昆虫などに多く見られる，反射よりも複雑な行動である。ローレンツが発見した刷り込み（→ p.198）は本能行動といえる。

ローレンツは，カモやガンなどが孵化直後の一定期間に目にした「動くもの」に対して，後追い反応を示すことを発見した。彼はハイイロガンの卵を人工孵化して，ある卵を自分の目の前で孵化させたところ，その雛は彼のあとを追いかけるようになり，他の雛が親鳥について行くのに対し，その雛だけは彼を追ったという。これを刷り込み，または刻印づけ，インプリンティングという。なお，この現象は一定期間のみでしか成立せず，これを臨界期（りんかい）という。

これらの生得的行動は学習された行動とは区別される。生得的行動は動物の種類によって異なるが，同種ではほぼ共通した行動であり，個体差は少ない。

（2）獲得的行動

生得的行動は訓練や経験を必要とせず，遺伝的要因に基づいている。これに対し，獲得的要因によるものがある。それを学習という。学習は「訓練や経験によって生じる比較的永続的な行動の変化」と定義される。「訓練や経験によって」の行動の変化であるため，薬物や疲労による行動の変化は含まれていない。なお，鳥類，下等哺乳類，下等霊長類，人間と進むにつれて学習の占める割合が大きくなる。

（3）レスポンデント行動とオペラント行動

スキナーは，行動をレスポンデント行動（→ p.198）とオペラント行動（→ p.198）に区別している。レスポンデント行動は，外界の特定の刺激（無条件刺激）によって自動的に誘発される反応（無条件反応）のことを指す。生得的反応の反射行動はレスポンデント行動である。オペラント行動は，環境に自ら働きかけ，自発的に起こす行動である。レスポンデント行動は刺激と行動が一対一の対応関係であるが，オペラント行動は特定の刺激によって一対一で誘発されることはない。獲得的要因である学習はオペラント行動といえる。

2．学習のメカニズム

学習のメカニズムは図２－１のように分類できる。

学習は通常，何らかの刺激が与えられ，それに対して反応するということを何回も繰り返して新しい行動傾向を獲得することである。その際に強化（→ p.199）というご褒美（あるいは罰のときもある）を得て学習していくものが，強化による学習である。一方の一回学習は，１回の経験だけで新しい行動傾向を獲得することである。

強化による学習は直接経験によって学習と観察学習に分けられる。直接経験による学習は自分が直接体験して（直接強化されて）学習していく過程である。これはさらに条件反射によるレスポンデント条件づけ（→ p.199）と，自ら行動するオペラント行動によるオペラント条件づけ（→ p.199）に分けられる。一方，観察学習は自分が直接体験（直接強化）されず，他の人の行動を見ることによって学ぶものである。

ここからはこれらの学習について詳しく見ていく。

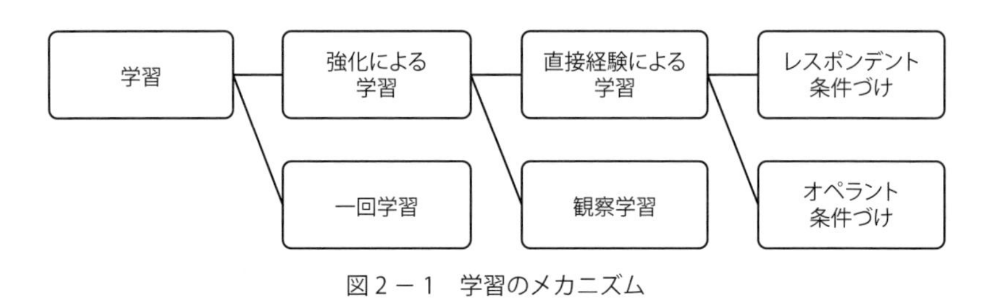

図２－１　学習のメカニズム

（1）レスポンデント条件づけ（古典的条件づけ）

a．パブロフの実験

レスポンデント条件づけあるいは古典的条件づけは，パブロフ（→ p.199）が発見した学習の原理である。パブロフは生理学者で，イヌに肉を与えて消化の研究をしていた。人間も含め，動物は何かを食べると消化のために唾液が分泌

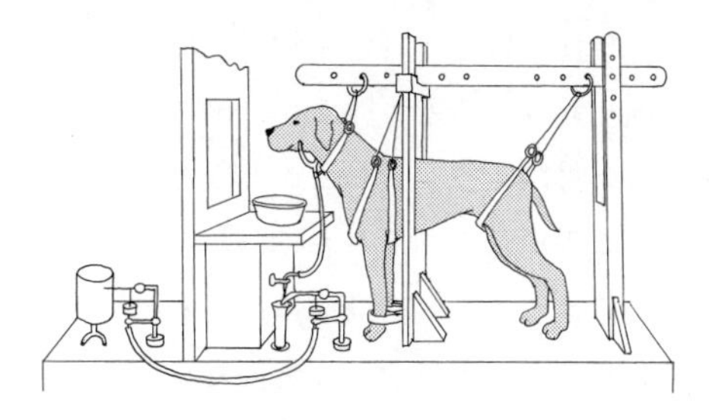

図2－2　パブロフの実験装置（ヤーキースら，1909；村田，1987より）

される。これはレスポンデント反応（無条件反応）である。ところがパブロフはある日，実験用のイヌが肉を口に入れる前から，彼が近づいただけで唾液を分泌していることに気がついた。食べ物を口に含んでいれば唾液は分泌されるが，パブロフが近づいただけでは，唾液が分泌されるということは本来起こるはずがない。イヌは実験を何回も繰り返すうちに，パブロフから肉がもらえることを学習し，肉がなくても唾液を分泌するようになったのである。このようにある条件のもとで獲得した反応を，条件反射（条件反応）という。

パブロフは図２－２のような実験装置を使い，条件反射の研究を行った。

実験ではベルやメトロノームを鳴らし（条件刺激：条件反射を導く刺激），その後，肉（無条件刺激）を与えるということを繰り返す。初めのうち，イヌはベルの音を聞いただけで唾液を分泌することはなく，音は唾液の分泌とは無関係である。しかし，それを何度も繰り返すうちに，イヌはベルやメトロノームの音を聞いただけで，唾液を分泌するようになるという新しい結合ができあがる。これをレスポンデント条件づけといい，図式化すると次のようになる。

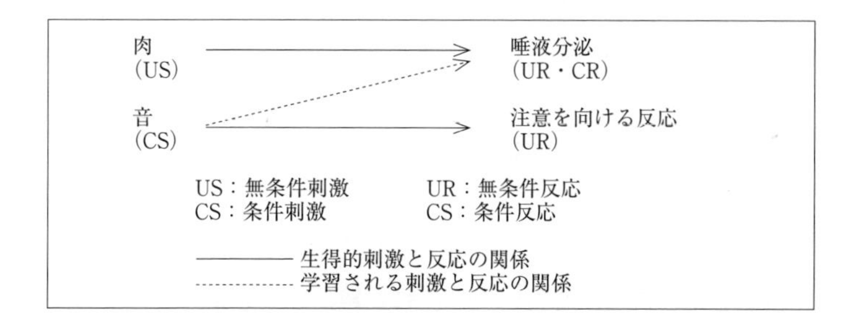

このレスポンデント条件づけを，日常生活場面で考えてみよう。私たち日本人は梅干を見たり想像したりすると，唾液が分泌されるだろう。しかし，この反応は梅干しを知らない外国人や，食べたことがない人には起こらない。テレビコマーシャルでも，この原理が利用されている。好きなタレントが新商品のコマーシャルをしているとしよう。新商品は条件刺激であり，何とも思わない。しかし，好きなタレントとセットになって何度も見るうちに，新商品にもタレントと同様の好感を持つようになり，購買意欲につながるのである。

b．ワトソンの実験

日常で直面する喜怒哀楽も，感情のレスポンデント条件づけで説明される。イヌを見たときに怖いと思う人もいれば，そうでない人もいる。生まれたときからイヌが怖いと思う人はいないはずで，犬に噛まれた経験（怖い経験）があった人は，犬を怖がるようになるのである。このような不安や恐れの学習の実験を，ワトソンが行っている。

ワトソンは9カ月のアルバート坊やに，次のような実験を行った。アルバートは白いネズミや白いウサギ，ひげのついたお面も，特に怖がる様子がない乳児であった。ワトソンは，アルバート坊やにネズミが近づくたびに，背後で大きな音を鳴らすことを繰り返した。大きな音は乳児にとっては恐怖であり，泣くという反応をする。それを繰り返すうちに，アルバートは白いネズミを見ただけで，泣き出してしまうようになり，白ネズミを見ると怖がるようになった。つまり，恐怖を学習したということである。

（2）オペラント条件づけ（道具的条件づけ）

私たちは何らかの行動の結果がよければ，再び同じことをしようと思う。反対によくない結果を招いたときには，再び同じことをしようとは思わない。オペラント行動は，自ら起こす行動である。オペラント行動の結果，何らかの報酬（あるいは罰）を受けることにより，学習していく過程をオペラント条件づけ，あるいは道具的条件づけという。

スキナー（→ p.199）はスキナーボックスという実験装置（図2－3）を使って，ネズミやハトを用いた実験を行った。それは箱の中のレバーを押すと，エサが

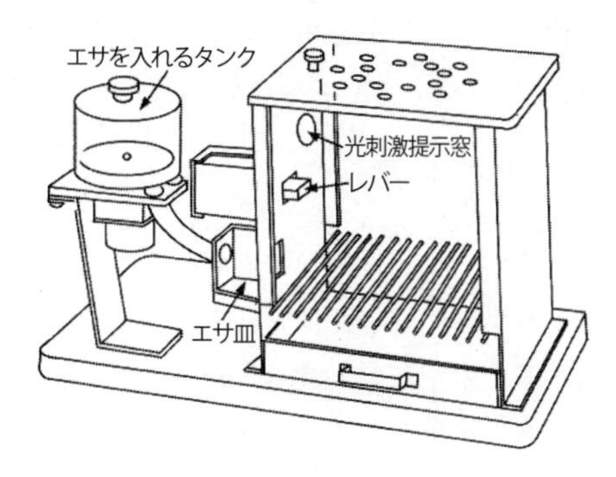

図２－３　スキナーボックスの例（斎藤，2005 より）

出る仕組みになっている。そこに空腹のネズミを入れても，初めのうちは自らレバーを押すという行動は見られない。しかし，そのうち偶然レバーに触れるということが起こると，エサが出てくる。また探索行動をしているうちにレバーに触れ，エサが出てくるということが起こる。これを何度か繰り返すうちに，ネズミはレバーを押すとエサが出てくるということを学習する。

ネズミがレバーを押すと，エサが与えられるのは正の強化（→ p.199）である。逆に，ネズミがレバーを押すと，電気刺激から逃げられるのは負の強化（→ p.199）である。たとえば，子どもがテストで 80 点をとった時，ほめてやる気を起こすのが正の強化である。逆に，叱ってやる気を起こさせるのが負の強化である。子どものしつけには，正の強化の方が効果的である。正の強化は，「ほめられてうれしい，だから行う」ため，徐々にその行い自体が好きになり，自発的に行うようになる。しかし，負の強化は，「叱られたくないのでいやいや行う」ため，その行い自体が嫌いになる。

ちなみに，先ほど紹介したレスポンデント条件づけと，オペラント条件づけには明らかな相違点がある。レスポンデント条件づけでは，条件反応の出現は無条件刺激によって誘発される。したがって，自律神経の付随反応の学習が多い。しかし，オペラント条件づけでは，私たちが自ら動いた結果，強化されて学習が成立する。そのため，オペラント条件づけで学習される反応の多くが，中枢神経系の随意反応であることが多い。また，レスポンデント条件づけは反応を誘発する刺激を特定することが容易である。しかし，オペラント条件づけでは，何が特定の行動を起こりやすくするのか特定するのが困難な場合が多い。

（3）強化のタイミング

オペラント条件づけにおいて，目的の反応があらわれたときに毎回強化をしなくても，時々強化する場合でも学習は成立する。毎回強化することを全強化（→ p.199），時々強化することを部分強化（→ p.199）という。この全強化と部分強化，どちらの方が学習の成果があるのだろうか。

実は，部分強化の方が学習効果がよいともいわれている。これを強化の矛盾という。もちろん，全強化の方が行動と報酬関係がわかりやすいので，すばやく新しい行動を学習させたい場合は最適である。しかし，行動と報酬の関係がはっきりしているがゆえに，報酬を与えるのをやめてしまうとその行動をしても報酬が得られないことがすぐにわかってしまい，行動を起こさなくなってしまう。これを消去という。つまり，全強化の方が消去されやすい。

一方，部分学習では行動を起こしても報酬がもらえないということもあり，報酬を与えなくなっても，次はもらえるかもしれないと行動を続けるのである。つまり，消去がなかなか起こらないのである。

部分強化の方法には次の４つの方法がある。

①定率強化……定率強化とは，一定の試行数に対し，１つの強化刺激を与えて強化する部分刺激である。たとえば３回行動が生起したら，１回報酬を与えるというやり方である。

②変率強化……変率強化とは，学習全体での報酬の出現率は決まっているが，それがランダムであらわれるため，学習者側にはいつ報酬がもらえるのか予測がつかないものである。続けて報酬がもらえるときもあれば，10 回行動しても報酬がもらえないこともある。

③定間隔強化……定間隔強化とは，試行数に関係なく，一定時間ごとに強化する方法である。たとえば１分ごとに強化すると決めた場合は，その１分間に何回行動が見られても報酬を与えず，１分経った後の行動で与えるというものである。

④変間隔強化……変間隔強化とは，報酬の平均出現時間を決めておき，報酬出現の間隔をランダムにする方法である。

学習の初期段階では全強化し，行動と報酬の関係を学習させておいた後，部分強化に切り替えて学習させるのがよい強化の仕方といえよう。

（4）般化と分化

ワトソンの実験の話には続きがある。アルバートは白ネズミを見ると怖がるようになったが，実はそれは白ネズミだけでなく，同じように白くてふわふわした白ウサギや，お面のひげなどにも恐怖を示すようになった。このように初めに条件づけされた刺激や，条件以外の類似した別の刺激や条件においても，反応や学習効果を生じるようになることを般化（→ p.199）という。

また，類似した刺激の中から，ある刺激にだけは強化をし，その他の刺激には強化をしないということを繰り返すと，ある特定の刺激だけに反応するようになる。これを分化という。私たちは，般化と分化（→ p.199）を繰り返すことで，日常生活において，より適応的な行動を身につけていく。

（5）観察学習

私たちはすべてを体験して学習しているわけではない。たとえば，アルバイト先で社員に怒られている仲間を見て，同じことはしないようにしようと思うはずである。このように，本人は直接体験せず報酬（あるいは罰）を受けないが，他の人の行動や他の人が報酬や罰を受けるのを見ることによって，自分もそのようにやってみようと学習することを観察学習（→ p.199）という。このような本人ではない代理が経験し強化を受けることを，代理強化という。また，観察学習では必ずモデル（お手本）となるものがある。そのモデルを見て学ぶためモデリングともいわれている。

バンデューラは，３歳から５歳の子どもに攻撃行動のビデオを見せ，観察学習の実験を行った。図２－４はその実験の結果である。攻撃行動を行うモデルが報酬を与えられる場合のビデオを見る群，罰を与えられる場合のビデオを見る群，何も与えられない場合のビデオを見る群の３つの群に分け，ビデオを見た後の子どもたちの行動を観察した。その結果，モデルが罰を与えられるビデオを見た子どもたちは，モデルに報酬を与えられるビデオや何も与えられないビデオを見た子どもたちよりも，攻撃行動を示す傾向が低かった。

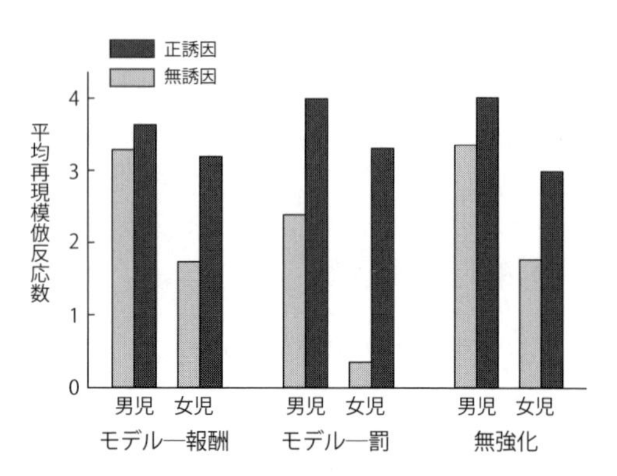

図２－４　観察学習による攻撃行動の出現数
（バンデューラら，1963；原野・福島，1975 より）

また，同じくバンデューラは，攻撃的なモデルを観察する条件によっても実験を行った（図２－５）。実際のモデルを観察する群，フィルムモデルを観察する群，漫画映画を観察する群，何も観察しない群を比べると，実際のモデルを観察しなくても，フィルムや漫画映画でも攻撃行動が促進されていることがわかる。したがって，子どもたちはテレビの中で起こっていることや，漫画の中からも実際に観察して学ぶことと同様に学習している。私たちは，常に子どものモデルとなっている自覚をもたなくてはいけないし，メディアの影響についても考えなくてはならないということである。私たちの学習の多くは，観察学習によるものである。さらに，実際には直接経験による学習と，観察学習による学習が組み合わされて成立していることが多い。

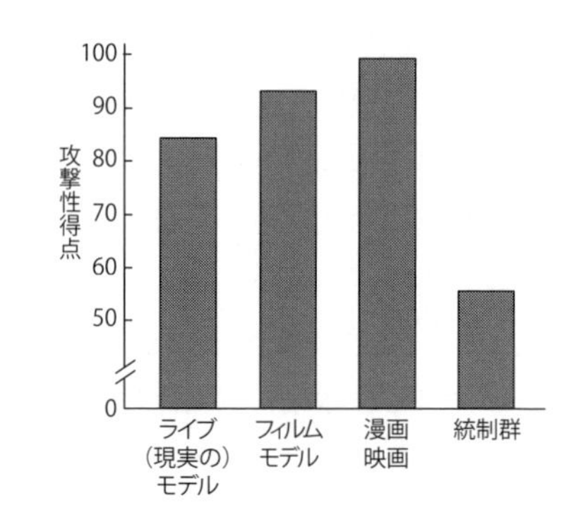

図２－５　攻撃的なモデルを観察する条件による差
（バンデューラら，1963；宮沢ら，2004 より）

3．その他の学習

（1）学習性無力感

セリグマンとマイヤーは，イヌに予告信号の10秒後に床から電気ショックを与えるという実験を行った。ただし，イヌのいる部屋は壁で仕切られており，予告信号の後，壁を飛び越せば電気ショックを回避できるようになっている。実験で使用したイヌは事前に，①電気ショックを回避できない状況を経験したイヌ，②足でパネルを押すことで電気ショックを終了させられる状況を経験したイヌ，③何もしていない犬の3群を用意した。

実験の結果，イヌの回避行動には違いが見られた。前段階において①電気ショックを回避できない状況を経験したイヌは，その他の2群に比べ回避に失敗したのである。具体的には，その他の2群の平均回避失敗数が実験10回中約2回であるのに対し，前段階において電気ショックを回避できない犬は平均回避失敗数が実験10回中約7回である。これは，イヌが前段階において，電気ショックと自分の行動が無関係であると学習しそれを認知したため，実験で回避できる状況となった場合でも，何もしなくなってしまったと考えられる。

このように，強烈な苦痛を与えられる状況を長期間経験し，自分で努力をしてもどうにもならない，何をしても意味がないという状況を学習してしまうと，その苦痛から逃れようとする努力をしなくなってしまう。これをセリグマンらは学習性無力感（→ p.199）とよんだ。「自分は何をやってもダメ」「頑張っても意味がない」という言葉が出るのは，学習性無力感を学習してしまった結果とも言えよう。

（2）試行錯誤

ソーンダイクは，問題箱とネコを使って実験（図2 － 6）を行った。この問題箱は，中に垂れ下がっているロープを引いたり，ロープの先端の棒を押し上げると扉が開く仕組みになっている。実験は，エサを箱の外に置き，ネコは扉を開けて外に出てきてエサを食べるとまた箱の中に戻される。ネコが箱に入れ

ソーンダイクのネコの問題箱の実験風景

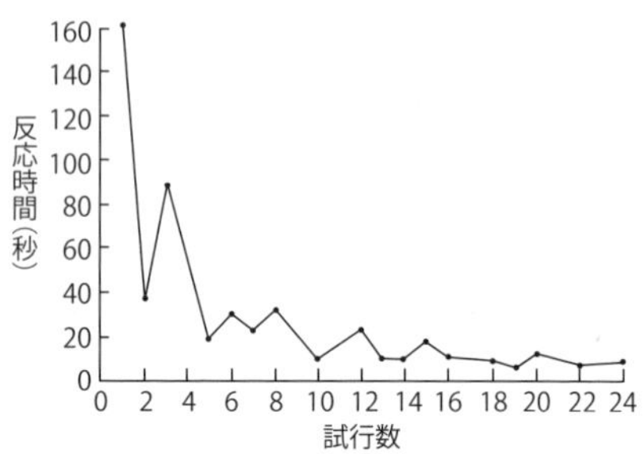

ネコの試行錯誤学習曲線

図２－６　ソーンダイクの問題箱と実験結果（ソーンダイク，1911；斎藤，2010より）

られてから，外に出るまでの時間が計測された。

初めのうち，ネコはひっかいたり，かじったりとさまざまな行動を示したが，そのうちロープや棒に働きかける行動が多く見られるようになり，箱から脱出するまでの時間も短くなった。このようなありとあらゆる行動をしながら失敗と成功を繰り返すことによって，解決の方法を見出す学習方法を試行錯誤（→ p.199）という。

（3）洞察学習

私たちは実際に行動して成功や失敗を体験したり，見たり聞いたりして学ぶことばかりではない。たとえば，手が入らない隙間に落としてしまったものを拾おうとするときに，細い棒を使用したりする。このように，あらかじめ何か行動を起こす前に，成功しそうな方法を考えてから行うことがあるだろう。こういった行動は，洞察学習（→ p.199）の結果といえよう。

ケーラーは，チンパンジーを使って，手の届かないところにあるエサをどのように取るのかを観察した。すると，檻の外の手の届かないところにエサがある場合は，棒を使ってみたり，高いところにあるエサには，箱を積み上げたりする行動が見られた。ケーラーは，これらのチンパンジーの行動は，洞察の結果であると結論づけた。洞察学習の特徴は，試行錯誤と違い，解決行動が突然あらわれることである。さらに，この解決策はその後も同じような状況で起こりやすく，消えにくいという特徴がある。

コラム

ギャンブルにハマる人の心理

ギャンブルをまったくやらない人は，「なぜ当たるか当たらないかわからないものにそんなに投資ができるかわからない」と言うだろう。反対に，ギャンブルを好きな人にしてみれば，「当たるか当たらないか，わからないからこそおもしろい」と言うかもしれない。ここでは，ギャンブルにハマってしまう人の心理を学習の面から考えてみたい。

オペラント条件づけの強化のタイミングには，全強化と部分強化があり，部分強化には４つの種類があることは本文中で説明した。そして，これを日常生活で考えてよう。

定率強化は，一定の行動の後に報酬があるというものなので，歩合制の給料と考えられる。アルバイトをして給料をもらうのは定率強化である。定間隔強化は，一定時間ごとの報酬なので，固定給の正社員が給料日に給料をもらうというのに該当するだろう。そして，どの程度行動を起こし，どのタイミングで報酬がもらえるかわからないのが，変率強化と変間隔強化である。これがギャンブルに相当する。

ギャンブルは，いくら投資すれば，億万長者になれるほどの大当たりが出るかわからない。また，何回連続で投資すれば，大当たりが出るかという予測もできない。何度も当たる人もいれば，一生のうちに１回も当たらない人もいるだろう。しかし，何度かやるうちにたまたま１回当たり，報酬を得たとする。すると，「もう１度，次こそは，次こそは……」となってしまうのである。もともと，毎回当たる経験がなかったため，何度ハズレても次こそはと思い，のめり込んでいってしまうのである。

余談であるが，のめり込むといえば，恋愛である。本書を読んでいる人の中にも，安泰な恋愛よりも難しい恋愛にのめり込むという人がいるかもしれない。いつ返ってくるかわからないメールを送り，相手を喜ばせようと報われなくても尽くす。たいていは一方通行に終わるが，たまにある返信やお礼の言葉に満足し，次こそはとさらに頑張るその過程が楽しいという。この難しい恋愛にのめり込んでいる状況も，変率強化や変間隔強化されていると考えられる。

■ 引用文献

アルバート・バンデュラ（編）福島脩美・原野広太郎（訳）（1975）．モデリングの心理学　観察学習の理論と方法　金子書房

Kohler, W.（1917）．*Intelligenzprufungen an Menschenaffen*. Springer.

宮沢秀次・二宮克美・大野木裕明（編）（2004）．ガイドライン　自分でできる心理学　ナカニシヤ出版

村田孝次（1987）．教養の心理学　四訂版　培風館

齊藤勇（2010）．イラストレート心理学入門　第2版　誠信書房

齊藤勇（編）（2005）．図説心理学入門　第2版　誠信書房

Seligman, M. E. P. & Maier, S. F.（1967）．Failure to escape Traumatic shock. *Journal of Experimental Psychology*, 74, pp.1-9.

Thorndike, E. L.（1911）．*Animal Intelligence : Experimental Studies*. Macmillan.

Watson, J. B., & Rayner, R.（1920）．*Conditioned emotional reaction. Journal of Experimental Psychology*, 3, pp.1-4.

■ 参考文献

伊藤正人（2005）．行動と学習の心理学　日常生活を理解する　昭和堂

実森正子・中島定彦（2000）．コンパクト新心理学ライブラリ2　学習の心理　行動のメカニズムを探る　サイエンス社

辰野千壽（1997）．学習方略の心理学　図書文化社

山内光哉・春木豊（編著）（2001）．グラフィック学習心理学　行動と認知　サイエンス社

第3章
知能

1．知能

私たちは，「○○ちゃんは頭がよい」とか，「△△くんはかしこい」という会話をすることがある。しかし，頭がよいとか，かしこいということはどういうことだろうか。勉強ができる，もしくはテストでよい点数がとれることなのだろうか。ここでは，人のかしこさについて，心理学ではどのように扱っているかについて見ていく。

（1）知能とは

知能は複雑で多面的なものである。性格と同様，実態のないひとつの構成概念として考えられている。知能の定義は，心理学者や測定方法や時代背景によって変化してきた。

知能を抽象的な思考能力とする立場から定義したのは，サーストンやターマンである。サーストンは，知能とは抽象的思考能力であると定義した。しかし，これでは抽象的思考（→ p.199）ができない乳幼児には，知能がないことになってしまうため，少々狭い定義といえよう。

学習のための基礎能力とする立場から定義をしたのは，ディアボーンである。ディアボーンは，知能を学習する能力，または経験によって獲得していく能力とした。

新しい環境への適応能力とする立場から定義をしたのは，シュテルンである。

知能とは,固体が思考手段を新しい要求に意識的に応じさせる一般能力であり,生活の課題と条件に対する一般的・精神的順応力であると定義した。

また，ボーリングは，知能とは知能検査（→ p.199）によって測定されたものであるとした。知能検査については後に詳しく述べるが，知能検査で知能全体を測定できているとはいえないという指摘もあり，知能全体を言いあらわしているとは言い難い。

包括的な定義を示したのは,ウェクスラー（→ p.200）である。ウェクスラーは,知能を「目的的に行動し，合理的に思考し，効果的に環境を処理する総合的・全体的な能力である」と定義した。

（2）知能の構造

a．スピアマンの２因子説

スピアマンは，子どもたちに知能と関係がありそうなテストを実施した。そして,あらゆるテストで共通する一般的知的能力を,一般知能因子（→ p.200）（g）と名づけた。また，一般因子だけでは説明がつかない点を，特殊因子（s）と名づけた（図３－１）。

一般知能因子（g）はあらゆる知的な活動に共通して働くものであり，遺伝的に決定されているという。それに対し，それぞれのテストに固有の（たとえば計算なら計算だけに必要な能力）を，特殊因子（s）とした。これは，特殊な学習と経験によって決定されるという。テストの成績はすべてに共通する一般因子と，特定のテストに特有の特殊因子によって決定されると考えたが，２因子構造は単純すぎるとの批判を受けた。

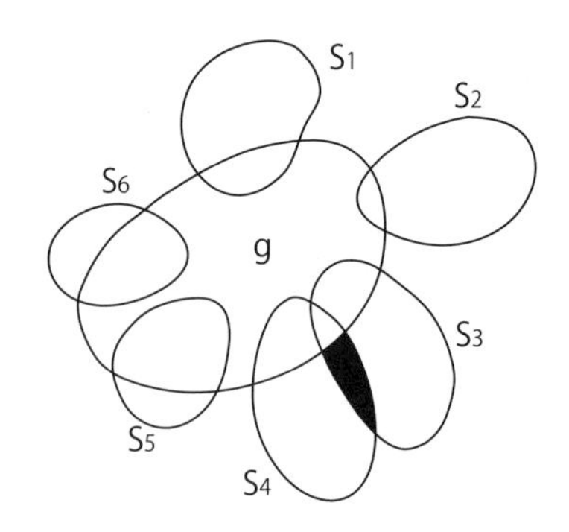

図３－１　スピアマンの２因子説
（スピアマン，1927 より）

b．サーストンの７つの因子説

サーストンは56種類のテストを行い,知能は７つの因子からなるとみなした。これをスピアマンの２因子説に対して多因子説という。

①空間的因子……平面・立体図形を視覚で知覚する能力

②数的因子……簡単な計算問題を解く能力

③言語理解の因子……言語的概念を取りあつかう能力

④語の流暢さの因子……書いたり話したりするための基礎能力

⑤記憶的因子……簡単な材料を保持・再生する能力

⑥帰納的因子……一般的な規則や原理を帰納する能力

⑦知覚的因子……知覚的判断の速さに関係する能力

c．階層群因子モデル

キャッテルとホーンは，すべての下位検査が共有するｇ因子の下に，２つの二次因子を想定し，さらにこれらの下にいくつかの小群因子があると考えられるモデルを立て，この２つの二次因子を流動性知能（→ p.200）と結晶性知能（→ p.200）とした。流動性知能とは，記憶力や，問題解決能力，新しい場面での適応に関する能力である。結晶性知能とは，経験や学習による知能で，言語理解などがこれにあたる。流動性知能のピークは比較的若いうちに訪れるが，結晶性知能のピークは遅く，高齢期になっても急激な低下は見られない。

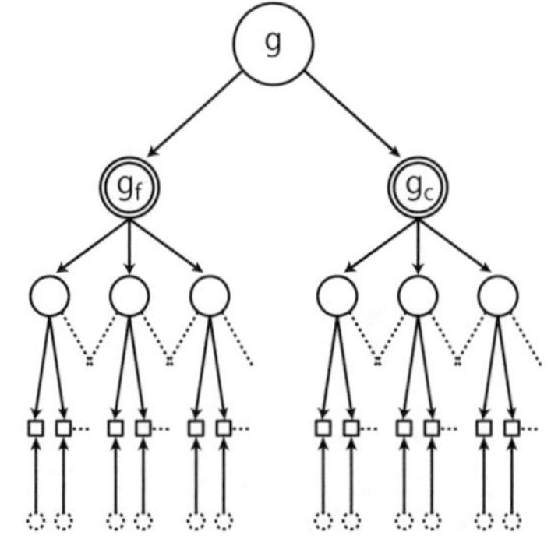

図３－２　階層群因子モデル

d．知能の構造模型

ギルフォードは，知的活動を一種の情報処理過程と見なし，知能の構造は情報の種類・知的操作・知的所産の３つのカテゴリーによって，三次元から構成される立体モデルで表現した。情報の種類には４つの情報，知的操作には５つの思考，知的所産には６つの概念が考えられ，４ × ５ × ６ = 120 個因子から構成されるとした（図３ − ３)。

e．知能の鼎立理論

鼎立とは，３者が互いに対立していることを指す。その字のとおり，スタインバーグは知能をコンポーネント理論・経験理論・文脈理論の３本柱からなる

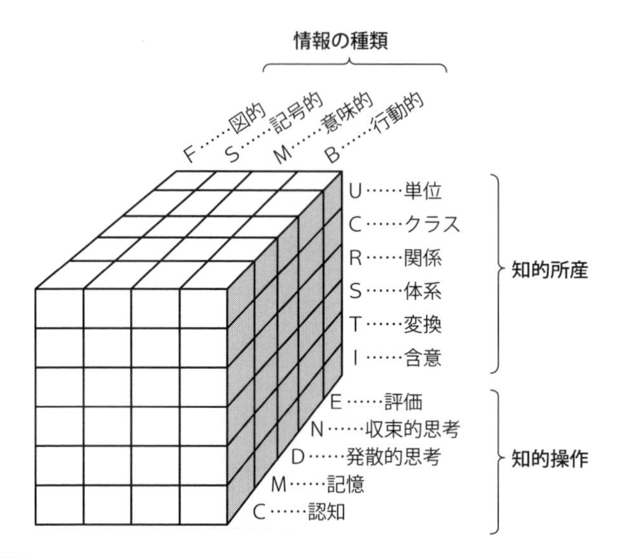

〔情報の種類〕
図的……感覚によって組織される情報，視覚的イメージ，音，運動についての印象など
記号的……数字，文字（単語に組み合わされていない段階），符号などのような任意の記号によって伝えられる情報
意味的……ほとんどの場合，言葉によって伝えられる，概念上多様性に富む情報
行動的……私たちの周囲の状態に関連しており，人との接触で言語を介しないで伝わる情報

〔知的所産〕
単位……ある特定の語とか像のような知的作業の１つ１つの項目
クラス……ある特性を共有する単位の集まり
関係……「～より大きい」，「～の次に」など，項目と項目を結び合わせるもの
体系……「サッカーについての知識」のように何かについて首尾一貫した知識のかたまり
変換……前からあった情報が変化すること
含意……以前は無関係であった情報がつながりをもつこと

〔知的操作〕
認知……情報にすぐ気づくこと
記憶……情報をたくわえたり定着させること
発散的思考……与えられたいくつかの情報から論理的に結論を出すこと
評価……個々の情報をある基準に照らし合わせて比較すること

図３－３　知能の構造模型（ギルフォード，1967；二宮ら，2008より）

理論体系としてとらえている。コンポーネント理論の下位には，流動性知能と結晶性知能を想定している。経験理論は，新しい状況や課題に対処する能力と，情報処理を自動化する能力を想定している。文脈理論は，知的行動が社会的文脈によってどのように規定されるのかを明らかにするもので，実用的知能の理論と社会的知能の理論からなっており，場面即応能力ともいえる。

f．多重知能理論 (→ p.200)

ガードナーは，知能は1つではなく，複数の独立したモジュールからなっていると考えた。つまり，以下の8つの独立した能力の集合体が知能だという考え方である。

①言語的知能……話をしたり，文章を書いたり，言葉を効果的に使いこなす能力

②理論－数学的知能……理論的に考えたり，数的処理や抽象的な概念に対応する能力

③音楽的知能……楽器を演奏したり，音を認識したり識別したり，作曲する能力

④空間的知能……絵を描く能力。設計したり，組み立てたりと立体的に考える能力

⑤身体－運動的知能……身体を効果的に使いこなす能力。スポーツや身体を使っての表現，手先の器用さなどの能力

⑥個人内知能……自分自身のことを理解する能力

⑦個人間知能……人の感情や気持ちをくみ取り，人との関係をうまくこなす能力

⑧博物学的知能……身の回りの物を見分けたり，分類したりする能力

ガードナーの考え方は，従来は知能として取り上げられなかった身体－運動的知能や音楽的知能，個人間知能の考え方の視点が新しい。また，これら8つの知能が人によってはある知能が強かったり，ある知能が弱かったりするという考え方であり，この考え方は教育の現場で取り入れられている。

2．知能の測定

知能は目に見えないものである。そのため，知能の実態を明らかにしようとする場合は，知能検査を使用するのが一般的である。ここからは知能検査について述べていく。

（1）知能検査の開発

a．個別式知能検査

知能検査の原型を作成したのは，ビネーと友人の医師シモンである。彼らは，フランスの文部省付属の専門機関「異常児問題研究委員会」の嘱託によって，知能検査を開発することになった。知能検査開発の目的は，普通教育の授業についていけない学業不振児童（→ p.200）（精神遅滞・精神薄弱の児童）を判別するというものだった。

1905 年に公表した検査は，第 1 問の「凝視：燃えているマッチを眼の前で動かし，炎を追えるかどうか」から始まる 30 項目である。検査項目は，簡単なものから次第に難しくなるように並べられており，第 30 問は，「抽象語の定義：「尊敬と友情」，「退屈と苦悩」の相違点を指摘できるかどうか」という高度な問題であり，この検査は個人がどこまで解けるかを知るのが目的であった。

その後，1908 年に改訂版が発表され，現在のビネー式検査法と同様の年齢尺度が採用され，検査問題が 57 項目に増やされた。3 歳級から 13 歳級までを 1 年間隔で区切り，それぞれ 4 ～ 8 項目の問題が配置された。1905 年版は，異常児の診断や発見に主眼を置いた検査法であった。これに対して，1908 年版では子どもたちの知能の程度が，平均的な発達水準の何歳に相当するかを調べることに関心を寄せた。ここで，知能の発達の程度を表す精神年齢（MA）（→ p.200）という指標が考えられた。

その後，各国で翻訳され，その国に合った方法に改訂されることとなった。その中で，最も大規模な再標準化は，アメリカのターマンによって行われたスタンフォード・ビネー法の開発である。スタンフォード・ビネー法では，シュテルンの提案にしたがって，精神年齢と生活年齢との比で求める知能指数（IQ）（→ p.200）が採用された。このIQの考え方は，知能検査の普及におおいに役立ち，ウェクスラー式などの開発に影響を与えた。また，今日でもビネー式の知能検査は，改良されながら多くの国で使用されている。

b．集団式知能検査

ビネー式知能検査は個人式の知能検査であるため，多くの人に検査を実施するには膨大な時間と労力がかかってしまう。そこで，一度に多人数に実施できる集団式の知能検査の要望が出てきた。それを受けてオーティスは，ビネー検査を集団で実施する試みを行い，イエス，ノーで答えさせる選択応答式の知能検査を考えた。

知能検査が一般に知られるようになってきた頃，知能検査を必要としていたのは教育現場だけではなかった。アメリカ陸軍である。知能検査が一般的になってきた頃は第一次世界大戦中であり，士官候補生の選抜に利用したいと考えた。そこで陸軍α式，陸軍β式という２種のテストが考案された。α式は言語性テスト，β式は言葉を使わなくても実施できる動作性のテストで，それぞれ点数であらわされるようになっている。このテストは多くの兵士の選別に利用されたが，今日では集団式知能検査はあまり使用されていない。

（2）知能検査の種類

a．日本におけるビネー式検査

1921年，鈴木治太郎によって「鈴木ビネー式知能検査」として標準化（規格を整えて，検査として使えるようにすること）された。「鈴木ビネー」は多くの子どもたちを対象に標準化がなされ，信頼を得ていたが，昭和30年以降，改定がみられていない。

今日，日本におけるビネー式で一般的なのは田中寛一が標準化した「田中ビネー」である。1935年，田中寛一は台湾や朝鮮をはじめとする各国の子どもたちの知能を検査するため，言語の影響を受けない図形や数字だけを用いた集団式の知能検査「田中Ｂ式知能検査」を作成した。その後，スタンフォード・ビネー式をもとに，個別式知能検査である「田中ビネー知能検査」を1947年に作成した。「田中ビネー」は1954年，1970年，1987年と改定を繰り返し，2003年に「田中ビネー式知能検査Ｖ」が作成されている。

最新の田中ビネー式知能検査Ｖでは，問題自体の大きな変更点はないが，図版がカラー化されたり，絵カードの絵が現代に即したものに変わっている。また，１歳級の問題が解決できない子どものための発達チェックができるようになった。14歳以上のDIQの採用と,14歳以上の知能を「結晶性」「流動性」「記憶」「論理推理」の４領域別に算出できるようになったことが主な変更点である。

b．ウェクスラー式

ウェクスラーは，知能を言語性知能（→p.200）と動作性知能（→p.200）という２つの側面から診断的にとらえようとし，1939年にウェクスラー・ベルビュー検査を発表した。この検査は，10歳から60歳までを対象とした個別検査で,６種類の言語性検査と５種類の動作性検査からなっているものであった。ウェクスラー式の知能検査では，言語性IQ，動作性IQ，合成得点による全検査IQの３つのIQが求められ，より被検査者の状態を詳しく把握できる。

現在では改訂が重ねられ，年齢によって３つの検査があるのが特徴であり，それぞれ検査の名前が違っている。日本では，児玉省，品川不次郎によって標準化された。

① WAIS……16歳以上の成人用で日本での最新版はWAIS－Ⅲ

② WISC……５歳～15歳の児童用で最新版はWISC－Ⅳ

③ WPPSI……４歳～６歳半の幼児用

c．K－ABC

カウマン夫妻によって作成されたK－ABC（Kaufman Assessment Battery for Children）は，２歳半か12歳半までの子ども用の個別検査である。日本版は松原達哉，藤田和弘，前川久男，石隈利紀によって標準化された。この検査は知的活動を認知処理過程と知識・技能の習得度から評価し，認知過程を継次処理と同時処理から評価し，得意な学習スタイルを見つけることを目的としている。学習認知処理能力だけでなく，基礎的学力を個別式で測定できる検査のため，限局性学習症児，自閉スペクトラム症児などの診断と指導に利用されている。

（3）知能の表し方

a．知能指数（IQ）

スタンフォード・ビネー式から採用されている知的指数（IQ）は，歴年齢（CA）をもとに，検査の結果から導き出される精神年齢（MA）との関係から以下の式で求められる。

$$\text{知能指数（IQ）} = \frac{\text{精神年齢（MA）}}{\text{歴年齢（CA）}} \times 100$$

たとえば，歴年齢5歳の子どもが精神年齢6歳だった場合のIQは120。同じく，歴年齢が5歳の子どもの精神年齢が5歳だった場合のIQは100であり，精神年齢が4歳だった場合のIQは80となる。つまり，IQ＝100はちょうどその年齢段階で平均的な知能を持っているということであり，歴年齢相当だという解釈できる。

b．知能偏差値

知能を偏差値の形で表示したものであり，知能偏差値の平均値は50，標準偏差（→ p.200）10になるように表した値である。知能偏差値は，50を中心として上にいくほど知能が高いことをあらわしている。

$$\text{知能偏差値（ISS）} = \frac{\text{（個人の得点}-\text{集団の平均値）} \times 10}{\text{標準偏差}} + 50$$

3．創造性

（1）創造性とは

皆さんは「創造性とは何か」との問いにどのように答えるだろうか。何となくイメージできても，具体的に定義して説明することは難しいのではないか。実際に創造性を辞書でひいてみると，「創造」はあっても「創造性（→ p.200）」の記載はない。

平成20年の中央教育審議会の答申で，学士力（学士課程修了時に身につけておきたい能力）という言葉が提示された。学士力は大きく分けて４つの分野から定義されている。そのうちの一つに，「統合的な学習経験と創造的思考力」がある。ここでは，創造的思考力とされているが，これまでに獲得した知識・技能・態度等を総合的に活用し，自らが立てた新たな課題にそれらを適用し，その課題を解決する能力だという。

ウェクスラーの定義によれば，知能は「合理的に考えて効果的に処理する能力」であり，創造性も知能と無関係のものではない。また，就職活動をする際に「創造性が高い人物」が求められるということもある。創造性とは，新たなものを生み出したり発見する能力であり，問題を解決する能力であり，社会で必要とされている能力であるといえよう。

（2）ギルフォードの考え方

ギルフォードは創造性について，６つの因子を考えた。

①問題に対する敏感さ……問題点を発見する能力

②流暢性……アイデアを生み出す能力であり，連想の流暢性･言語の流暢性･方言の流暢性・観念の流暢性がある

③独創性……多くの解決策を生み出す能力であり，非凡性・遠隔連合・巧みさが含まれる

④柔軟性……さまざまな視点から考える能力であり，自発的柔軟性・適応の柔軟性がある

⑤綿密性……具体的に工夫し完成させる能力

⑥再定義……ものを異なる目的に利用できる能力

さらに，思考のパターンを「収束的思考」と「発散的思考」の２つに区別した。収束的思考とは，ただ１つの正答を導くような思考であり，たとえば，計算問題や漢字の書き取りなどはこれにあたる。一方，発散的思考とは，多くの解決策を発想したり，何かを発見したりする頭の使い方である。この発散的思考を創造性と考えてよい。

学力試験や知能検査には，正解とされる回答があり，収束的思考を測定して

いるといえるため，それらの検査では創造性を測定できない。そこで，創造性を測定するためにさまざまなテストが考えられている。たとえば，発想的思考を力を測定する問題場面テストがそれにあたる。これは，具体的な場面を設定して，その場面の問題発見，推理・判断力，解決法などを中心に調べるための問題形式である。しかし,創造性とは何かというのはとても難しい問題のため,標準化された検査を作成するのは困難な作業となっている。

（3）創造性とIQとの関係

創造性とIQとの関係についての研究は，古くから行われてきた。数々の研究をまとめると次の3点が指摘できる。

①創造性が高い人は，平均以上のIQを示す傾向がある。

② IQ120以下の場合，創造性とIQには高い相関がある。

③創造性の発揮される領域や，創造性の測定の仕方の違いによって，IQと創造性の関連は変動する。

したがって，創造性とIQは関連はあるが，どちらが高ければもう一方も高くなるというような単純な関係ではない。

（4）創造性を鍛える方法

a．ブレインストーミング (→ p.200)

オズボーンが考案した方法：既存の考え方にとらわれずに発想し，独創的なアイデアを生み出すために，集団の機能を利用する方法である。集団討論の形式で自由に意見を出し合い，できるだけ多くの意見を出すこと，意見の批判をしないことがポイントである。意見が出尽くしたら，アイデアを絞り込んで，1つの結論を出す。

b．KJ法 (→ p.200)

川喜田二郎の考案発想法で，彼の頭文字をとってKJ法である。大量かつ多様な質的データを，総合的に把握する過程で新しいアイデアを得ようとするもので，個人でも，グループでも実施することができる。バラバラなアイデアでもそれらを分類・整理・構造化することによって，図式化できるところがポイントである。

まず，アイデアをラベル化（小さな紙に書き込む）し，次に主観的に類似したラベル同士を分類していく。ある程度のまとまりができたら何度か点検し，そのまとまりを表現したラベルを与える。さらに上位のまとまりをつくっていき，図式化していく。

c．チェックリスト法

ブレインストーミングを考案したオズボーンが考案した方法である。あらかじめ用意された以下の９つのチェックリストに答えることで，アイデアを練っていく。

①他に転用できないか。
②他のものを応用できないか。
③意味や型など，変更できるところはないか。
④拡大できないか。
⑤縮小（省略や分割など）できないか。
⑥他のもので代用できないか。
⑦順序や配置や型を並べ替えたらどうなるか。
⑧役割や順番，配置を転換したらどうなるか。
⑨組み合わせてみたらどうなるか。

コラム

「頭の良い人＝IQ の高い人」なのか？

世間を騒がせる事件の犯人が「エリート官僚であった」，とか，「有名大学を出た優秀な人だった」という評判の持ち主であることがある。彼らは“頭のよい人”だったのだろうか。本当に“頭のよい人”であれば，法に触れる事件を起こさないのではないか……。

本章では知能を IQ で表現し，測定する方法について述べてきた。IQ で測定できる“頭のよさ”はほんの一部であり，IQ でのみで表現できるかどうかについて，異論が唱えられている。その代表例は，ゴールマンが『EQ：こころの知能指数』という本で紹介しているEQ（→ p.200）という概念である。

〈EQとは〉

1．自分自身の情動を知る：自分の中にある感情を認識する能力で，感情の波に押し流されずに，迷わずに生きられる
2．感情を抑制する：感情を適切な状態に制御しておく能力で，感情をうまく制御できる人は，逆境や混乱からはやく立ち直ることができる
3．自分を動機づける：目標達成にむかって自分の気持ちを奮い立たせる能力で，何かに集中したり習得したり創造したりするうえで不可欠
4．他人の感情を認識する：他人の感情に音痴であることは，社会的代償を受けることになる
5．人間関係をうまく処理する：リーダーシップ（→ p.200）や調和のとれた人間関係を支える基礎となる

EQとIQの間にはある程度の相関があることは指摘されているが，IQが高いからといって，EQが高いとは限らないと指摘している。先ほどの事件の犯人はその例であろう。また，IQについては経験や教育の力で大きく変えることは，不可能だという説があるが，EQについては重要な部分は子どものうちに教えれば向上させることが可能だという。

学業成績を上げるための勉強も必要であるが，EQを向上させることも社会で生きていくためには大切である。社会のルールをしつけられること，同年代の子どもと遊び，時にはけんかもし，美しい音楽を聴いたり，旅行などですばらしい体験をすることなど，喜怒哀楽の伴う体験を数多くすることが，EQの向上につながるだろう。

■ 引用文献

ビネー，A. & シモン，Th.　中野善達・大沢正子（訳）（1982）．知能の発達と評価　知能検査の誕生　福村出版

Cattell, R. B., & Horn, J. L.（1966）．Refinement and test of the theory of fluid and Crystallized general intelligences. *Journal of Educational Psychology*, 57, pp.253-270.

ダニエル・ゴールマン　土屋京子（訳）（1996）．EQ～こころの知能指数　講談社

ガードナー，H.　松村暢隆（訳）（2001）．MI：個性を生かす多重知能の理論　新曜社

Guilford, J. P.（1967）. *The Nature of human intelligence*. McGraw-Hill.
松原達哉（編）（2002）．臨床心理学シリーズ１　心理学概論　培風館
二宮克美（編）（2008）．ベーシック心理学　医歯薬出版
スターンバーグ，R. J.　松村暢隆・比留間太白（訳）（2000）．思考スタイル　新曜社
Speaman, C.（1927）. *The abilities of man.* Macmillan.
トーランス，E. P.　佐藤三郎（訳）（1966）．創造性の教育　誠信書房
Thurstone, L. L.（1938）. *Primary mental abilities*. University of Chicago Press, Chicago.

■ **参考文献**

川喜田二郎（1970）．続・発想法　KJ 法の展開と応用　中公新書
辰野千寿（1995）．新しい知能観に立った　知能検査基本ハンドブック　図書文化社

第4章 認知・記憶

1．情報処理システムとしての人間

人間のこころの働きを，コンピューターのような情報処理プロセスと見なす立場が，1960年代に発展した。知覚，学習，記憶，言語，思考，推論といった人間の認知は，相互に密接に関連したプロセスであり総合的に研究されている。記憶の働きは，情報を取り込み覚える符号化（→ p.200），情報が保持されている状態である貯蔵（→ p.200），必要なときに思い出す検索（→ p.200）という，３つの段階からなる。３つの段階のうち１つでも失敗すれば「忘れた」ことになる。テストのとき，確かに昨日は覚えていたはずの用語が思い出せないことがあるが，この状態は検索に失敗したといえる。

2．記憶の二重貯蔵モデル

記憶の二重貯蔵モデルは，短期記憶と長期記憶の２つがあると考える。外界の情報は感覚器官を通して，まず感覚記憶に入る。感覚記憶では視覚情報は約0.5秒，聴覚情報は約２秒保持されるが，注意を払った情報は次の短期記憶へと送られる。

短期記憶も容量は限られている。数字や単語を呈示した直後に，正確に復唱できる最大の数は，およそ７±２チャンクとなることが知られている。チャンクとは，情報のまとまり，記憶の単位である。たとえば，「１００１０１１０

２１０３」という数字の並びを，数字一つずつ暗記しようとすれば12桁(12チャンク）になるが，３桁ずつ区切れば４チャンクしか使わないだろう。短期記憶にある情報はリハーサル（反復）（→ p.201）しない限り30秒程度で失われる。リハーサルのうち，連想やイメージ化を通した情報の反復活動を精緻化リハーサルとよび，精緻化リハーサルによって情報は長期記憶へ転送される（岡，2005)。長期記憶は容量に限界はなく，転送された情報はほぼ永久に保たれる。

３．ワーキングメモリ

短期記憶は，単に情報を短時間保持する機能だけではない。たとえば，15＋28の暗算を行うとき，一時的に２つの数字を憶えておくだけでなく，長期記憶にある足し算のやり方の知識を参照し，一の位を足し合わせ，もし繰り上がりがあるならばそれを忘れずに十の位に加えなければならない。このように短期記憶は計算，言語理解といった認知活動に必要な情報の保持と処理の働きをもつとして，ワーキングメモリ（→ p.201）とよばれる。

バッドリー（2000）によると，ワーキングメモリは，音声ループ，視・空間スケッチパッド，エピソードバッファという３つの下位システムと，それらを制御する中央実行系からなる(図４－１)。音声ループは短い間音声を保存する。視・空間スケッチパッドは，非言語的な視覚的，空間的な情報を視覚イメージ

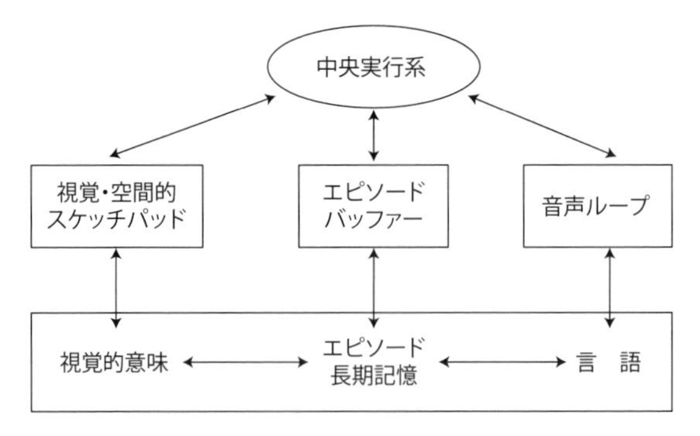

図４－１　バッドリーのワーキングメモリのモデル（バッドリー，2000より）

で一時的に保存する。エピソードバッファは，長期記憶からのデータのやりとりを行い，ある記憶の異なった側面を結びつけたり，関連づけたりする。

たとえば，音声ループはある人の名前を貯蔵し，視空間スケッチパッドはその人の顔を貯蔵する。そしてエピソードバッファは名前と顔が一致するようにその2つを関係づける（ノーレン－ホークセマ・フレドリクソン・ロフタス・ワーグナー，2009）。中央実行系は情報を貯蔵する機能はなく，課題を遂行するために適切な情報に注意を向けたり，必要な処理資源を確保したり，サブシステムを調整する機能をもつ（バッドリー，2007）。

ただし，ワーキングメモリの各部分の容量には限りがある。特に，同じシステムを使用する課題を同時に行うと，競合し成績が悪くなる。たとえば，「あいうえお」と繰り返し声に出して言うことは，ほとんど努力のいらない作業である。ではそうしながら，教科書のまだ読んでいない章を読んでみよう。内容を理解することが難しく，ふだんより読むスピードが落ちていることに気づくだろう。

ワーキングメモリの容量には個人差があり，リーディングスパンテスト（苧阪，2002）で測定できる。「電車に乗り遅れたので母に車で送ってもらった」「彼はぶっきらぼうだが，根はいいやつだと思う」といった文章が一つずつ呈示され音読をしながら，下線部の言葉も記憶するという課題である。ワーキングメモリの容量が少ない場合は，文章を読むことに資源を取られ，単語が思い出せなくなってしまう。

4．長期記憶

（1）長期記憶の区分

長期記憶は，言葉で表現し伝達できる宣言的記憶と，非宣言的記憶とに分類される。宣言記憶は事実や出来事に関して，それが何であるか意識して思い出せる記憶であることから，顕在記憶ともよばれる。「日本の首都は東京である」など事実に関する私たちの知識を意味記憶（→ p.201）といい，「私は修学旅行で東京に行った」など出来事に関する記憶をエピソード記憶（→ p.201）という。

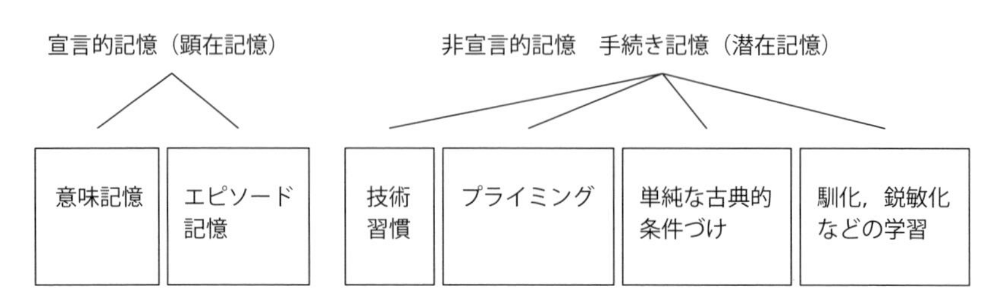

図4－2　長期記憶の分類（スクワイヤ，1991より改変）

非宣言的記憶には，「自転車の乗り方」「楽器の演奏」といった技能や，習慣に関する記憶である手続き記憶（→p.201）がある。ふだんはほとんど意識にのぼらないことから，非宣言的記憶は潜在記憶ともよばれ，他にもプライミング，古典的条件づけなどが含まれる（図4－2，スクワイヤ・ゾラ－モーガン，1991）。

（2）自伝的記憶

エピソード記憶の中でも，特に人生における個人的経験の記憶を自伝的記憶（→p.201）という。自伝的記憶全体に占めるエピソード数の割合は，男女ともに10歳から30歳の時期が最も高く，レミニッセンス・バンプ，またはバンプという（ルビン・シュルキンド・ラヘル，1999）。3歳以前の自伝的記憶がほとんど報告されないこと（幼児期健忘）も知られている（図4－3）。

幼児期健忘の理由としては，脳の機能が未成熟であることや，言語能力が自分の経験を語るまでには発達していないこと，曜日，月，

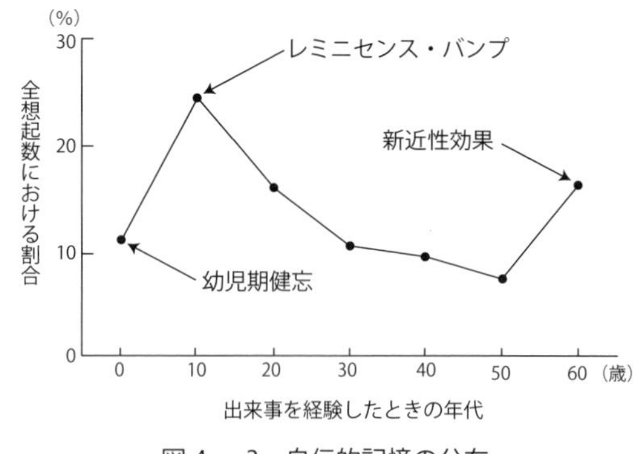

図4－3　自伝的記憶の分布
（槙・仲，2006；槙，2008より）

季節など時間のパターンに関する知識がなく利用できないことなどが考えられる。記憶に関する「覚える」「忘れる」といった言葉を理解し，使用し始めるのも4歳頃であるという（上原，2008）。

レミニッセンス・バンプが生じる理由として，10代から20代に体験する出来事は，入学と卒業，就職，結婚など人生において初めて経験し，他の経験とは明らかに異なる出来事が多い点があげられる（槙，2008）。この時期は自分とは何者かというアイデンティティを確立していく時期であり，自分を定義づけるような出来事の意味を繰り返し考えることにもよると考えられる。

（3）意味記憶：コリンズとロフタスの活性化拡散モデル

長期記憶にある知識は，私たちのこころの中にどのように表現されているのだろうか。コリンズとロフタス（1975）の活性化拡散モデルは，ある概念が処理されると自動的にネットワークに沿って活性化が拡散すると仮定している（図4－4）。図の○で囲まれた「車」や「赤」といった概念はノードとよばれ，概念同士を結ぶ線はリンクとよばれる。概念間の意味や関連性が近ければ短いリンクで結ばれている。ノード間の距離が近いほど速く活性が伝わり，距離が遠ければ時間がかかる。

こうした意味記憶の構造や，検索メカニズムを考えるうえで重要な現象にプライミング効果（→ p.201）がある。実験は，単語を呈示し，この単語が意味のある単語か無意味な単語かを判断させ，判断に要する時間を測定するというものであり，2回連続して行う。1回目の単語が「パン」で，2回目の単語が「バター」の場合は，2回目の単語が「医者」

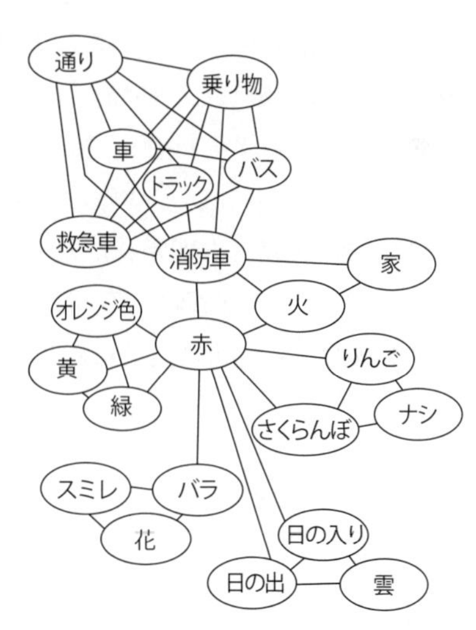

図4－4　コリンズとロフタスの活性化拡散モデル
（コリンズ・ロフタス，1975より）

の場合に比べ，「Yes」と反応する時間が短くなるという現象が起こるが，これをプライミング効果という。先行刺激（パン）の処理を行ったことで，意味記憶のネットワークにしたがって，パンに関連した概念に自動的に活性化が拡散し，続いて意味的に関連した語（バター）を処理するときには，すでに活性化しているため処理が促進され反応時間が短くなる。もし１回目の単語が「看護師」であれば，当然２回目の単語の有意味判断は「バター」よりも「医者」の方が速くなる（岡，2005）。

5．記憶の変容

（1）事後の再構成

ロフタスとパーマー（1974）は，30 秒程度の自動車事故の映像を大学生に見せた後，その事故での車の速度について質問をした。その質問は実験参加者ごとに異なっており，どのくらいの速度で走っていたかについて「接触したとき」や「激突したとき」など表現を変えてあった。その結果，見積もられた平均速度は,「接触した」と聞かれた場合は平均時速 31.8 マイル（約 51.2km/h）だったのに対し，「激突した」の場合は 40.8 マイル（約 65.6km/h）となった。

さらにその１週間後「壊れた窓ガラスを見ましたか」と尋ねると,「激突した」と聞かれた 50 人中 16 人が実際には映像になかった壊れた窓ガラスを見たと回答した。「接触した」と聞かれた人で, 同じ間違いをしたのは７名だった（多鹿，1996）。エピソード記憶は，質問の仕方によって内容が変化することもあり，事後の情報によって再構成されると，最初のものと区別することは難しいといえる。

（2）偽りの記憶

長い間忘れていたのに，ある日突然に思い出されるような抑圧の記憶をもつことはあるのだろうか。たとえば事実ではないのに，大人になってから急に親に虐待された記憶がよみがえるということがあり得るのだろうか。ロフタスらはこうした見解に否定的であり，後からつくられた偽りの記憶（→ p.201）である可能性を示している（ロフタス・ケッチャム，1994）。

実験では，子どもの頃にショッピングセンターで迷子になったという，実際には体験していない出来事についての記憶をつくることができた。実験協力者である家族がその出来事があったかのように語ったところ，それを聞いていた実験参加者は，最初は否定していたが最終的に4分の1の人はそれを「思い出した」。思い出せる何かがあるはずだという信念のもとで，出来事を繰り返し想像すると，それが本当にあったことのように感じてしまう。

出来事の光景をイメージさせる手法を用いて，結婚式でのハプニングの記憶や動物に噛まれた記憶をつくり出せることや，暗示によって，0歳のときに見たベビーベッドの上のモビールを，「思い出した」という実験結果が報告されている（シャクター，2001）。あなたも家族と一緒に幼い頃に行った旅行の話をしてみれば，場所や出来事が事実と異なっているかもしれない。あなたがそのとき，その場所で体験したことなのか，親が繰り返し思い出話として聞かせたことなのか，写真やビデオから想像したことなのかを区別することは難しい。

まったくない出来事ではなく，出来事の一部分だけ偽の記憶が混入することもある。この現象は，DRM法という単語リストの記憶課題（ロジャー・マグダーモットー，1995）で確かめることができる。単語リストを誰かに読んで聞かせ，聞いた単語をできるだけ多く覚えるように指示し，5分後覚えている単語を紙に書くか，口頭で言ってもらう。リストに「ベッド，休む，目覚める，疲れた，うたた寝，居眠り，夢，起きる，毛布，仮眠，まどろむ，いびき，昼寝，安らぎ，あくび，眠気，白昼夢」を聞かせた場合，多くの人は覚えていたとする単語の中に「眠り」あるいは，「眠る」を誤って入れてしまう。リストの語はすべて眠りに関連するが，単語として「眠り」は聞いていない。こころの中にイメージした「眠り」が，実際に聞き取ったと記憶された例である（ガザニカ，2005）。

（3）スキーマと記憶

長期記憶に貯蔵された情報のまとまりや知識をスキーマ（→ p.201）という。私たちがすでに持っているスキーマは，情報の知覚や検索に影響を及ぼす。バートレットは，「幽霊の戦い」という北アメリカの民話をもとに作った物語を，文化の異なるイギリスの大学生に読ませ，15分後，1年後，10年後，など時間をおいて複数回思い出させた。その結果，なじみのない言葉や固有名詞，超自然的な話は消えてしまった（多鹿，1996）。文章を読むときに，スキーマを利用できれば容易に理解ができるが，イギリスの大学生にとって「アザラシ猟」「インディアン」「矢」「戦い」の含まれた話は，スキーマを利用できなかったと考えられる。そのため，符号化も難しく，自分のスキーマに合うように内容も変容（たとえばカヌーはボートに）してしまった。

文章の理解だけではなく，実際に見た光景についての記憶もスキーマによって影響される。典型的な大学院生の研究室に見えるようにデザインされた部屋で35秒待たせた後，別の部屋によび，先ほどの研究室で見たものをできるだけ書かせるという実験がある。実験参加者たちは，実際にはなかったにもかかわらず，典型的に研究室にありそうな電話や本が「あった」とし，実際にあった綿棒やなめし皮などは思い出さなかった（コーエンら，1989）。

（4）目撃証言

記憶の変容は，事件や事故の目撃証言の信頼性に大きくかかわる。無実の人を誤って告発する，いわゆる冤罪の原因の多くが目撃証言によることが指摘されている（厳島，2005）。一般的に目撃者が確信をもって証言する場合，それは正確な情報であると聞いた人は考える。ところが，目撃した状況によっては，そうとも言えないらしい。たとえば見た状況が暗く，見た時間が短く，ストレスがあり他に注意が向いていたり，事後に他者によって情報が与えられたりする場合，確信と正確さとは関連がなくなってしまう（ノーレン－ホークセマ，2009）。出来事を思い出す過程で記憶の足りない部分が，事後情報やスキーマや推論によって埋められてしまうことが原因だと考えられている。

そのため事情聴取や司法面接などでは，記憶の変容を避け，正確な情報を引き出すために多くの工夫がなされている。たとえば，合衆国司法局のガイドライン「目撃証拠：警察のためのガイド」では，想起を求める際の検索手がかりとして，すべて報告すること，視知覚・聴覚情報等の文脈を再現すること，出来事を逆順で思い出すこと，犯人からは何が見えたかなど複数視点から思い出すことなどの技法が教示されている（仲，2011）。その他にも，犯人の識別（面通し）や子どもへの捜査面接の仕方など，記憶に及ぼすさまざまな要因について検討されている（厳島・仲・原，2003）。日本でも，2000年に法と心理学会が発足するなど，目撃証言に関する研究が多く発表されている。

6．記憶能力にかかわる要因

（1）メタ記憶

メタ記憶（→ p.201）とは，人の記憶に関するさまざまな知識のことである。たとえば，テストのために，英語で書かれた専門用語の意味を100語覚えなければならないとする。あなたはどの程度覚えられると思うか，何時間かかるか，どのような覚え方をするとよいかといった自分自身の記憶に関する記憶を持っているだろう。また，何語覚えられたかを途中で確かめたり，ときには覚える方法を修正したりするだろう。子どもが成長とともに記憶課題の成績がよくなる背景には，メタ記憶の獲得がある。覚え方のことを記憶方略といい，メタ記憶の発達と関連している。頭の中や口に出して何度も繰り返すリハーサル以外にも，関連する刺激材料を整理してまとめる体制化，既にある知識を利用して刺激材料に意味を与える精緻化などがある。ある事実を覚えたいときは，その出来事の原因や結果など意味を広げることがよい。どのような記憶材料のときに，どのような記憶方略を用いると効果的かが理解できると，記憶の成績は向上する。

あなたが大学の試験勉強をするなら，教科書の章や節に注目してまとめるとよい。たとえば，「心理学の学習理論には主に古典的条件づけ，オペラント条件づけ，観察学習の３つがある。前から順にパブロフ（音から唾液が出た犬），スキナー（レバー押しのねずみ），バンデューラ（子どもの暴力視聴）の実験が解説されていた」と，おおまかに体制化し，なぜその実験をしたのか，結果は何を意味するのか，１番目の理論と２番目の理論の類似点と相違点は何か，など精緻化する。そうして項目ごとの意味のつながりを多くすることで，検索の可能性が高まる。また自分で問題を考えて，答えることで検索を繰り返すこともよいだろう（ノーレン－ホークセマら，2009）。

（2）文脈

検索する状況が，符号化の状況と似ている方が多く思い出せる。水面下に潜水した状態で単語リストを学習した場合は，同じく水中で再生した方が成績がよく，陸上で学習した場合は陸上での再生成績がよかった。一方，学習と再生の状況が異なる（水中で覚えて陸上で再生する）場合は成績が悪くなった（ゴッドン・バッドリー，1980）。

これは，記憶材料を学習したときの部屋の状態や自分の体や気分の状態といった文脈が，検索の手がかりとして働くためである。自分の卒業した中学校の校舎を見たとたん，すっかり忘れていたクラスメートの名前を思い出すとか，悲しい気分のときにはつらかった思い出が次々思い出されることはよく経験する。もしあなたが大学の定期試験の勉強をするなら，家のベッドよりも大学の教室の机の方がよいといえる。

コラム

年をとると１年経つのが速い？

次の３つの出来事が，いつ起きたか思い出してみよう。何年くらい前のことだろうか。

①裁判員裁判の開始
②愛・地球博（日本国際博覧会）の開催
③東京スカイツリーオープン

一般に人は過去の出来事を，実際に起きた時期よりも最近のことと感じるという。また，成長とともに１年が速く過ぎると感じる人も多いだろう。ドラーイスマは『なぜ年をとると時間の経つのが速くなるのか』という本の中で，時間と記憶に関するメカニズムとして，標識という概念を紹介している。出来事がいつあったのかを思い出す場合，日付をよく知っている他の出来事を利用する。たとえば「自分が小学校のときに東京に旅行したが，まだその建物はなかったぞ」とか，「社会科の授業で，模擬裁判をしたな。同じ班にあの子がいたということは，中１のときか」など，記憶の標識を立てて比較することができる。若い頃は初めての経験が多く，標識が多い。人生が変化に富んでいるときには標識が多いため，振り返ったときに，その期間に多くの時間を感じることができるのである。逆に年齢とともに，相対的に標識の数が少なくなるため，その空白期間には速く時間が過ぎた気がするのだろう。

他にも，時間の体験に影響を与える要因の一つに，身体的代謝がある。同じ１分間であっても，身体的代謝が激しいときには通常よりも速く心的時間が刻まれることによって，１分間よりも長い時間が経ったように感じられるという（一川，2010）。代謝が落ちれば生理時計はゆっくりと刻まれるので，まだ１分経っていないと感じているのに，現実にはとっくに１分が経過していることとなってしまう。

子どもの頃の５年間と最近の５年間が同じとは思えないという現象について，あなたの父親や母親と話し合ってみてはいかがだろう。大学生の皆さんよりも実感を持って納得されるのではないだろうか。

（答え：① 2009年　② 2005年　③ 2012年）

■ 引用文献

Baddeley, A. D.（2000）. The episodic buffer : A new component of working memory? *Trends in Cognitive Sciences*, 4, pp.417-423.

Baddeley, A. D.（2007）. *Working memory, thought and action*. Oxford : Oxford University Press.（井関竜太・齊藤智・川﨑惠里子（訳）（2012）. ワーキングメモリー　思考と行為の心理学的基盤　誠信書房　pp.129-153.）

Collins, A. M., & Loftus, E. F.（1975）. A spreading-Activation theory of semantic processing. *Psychological Review*, 82, pp.407-428.

ダウエ・ドラーイスマ　鈴木晶（訳）(2009). なぜ年をとると時間の経つのが速くなるのか　講談社

G. コーエン, M. W. アイゼンク, & M. E. ルボワ　長町三生（監）認知科学研究会（訳）(1989). ブルーワーとトレイアンスによる部屋にある物の記憶をテストする実験　認知心理学講座１記憶　海文堂出版　pp.25-26.

Gazzaniga, M. S.（2005）. *The Ethical Brain*. New York : Dana Press.（梶山あゆみ（訳）（2006）. 脳のなかの倫理　脳倫理学序説　紀伊國屋書店）

Godden, D., & Baddeley, A. D.（1980）. When does context influence recognition memory? *British Journal of Psychology*, 71, pp.99-104.

一川誠（2010）. 心理学ワールド　48「心理学ふしぎふしぎ　Q36. なぜ時間を長く感じたり，短く感じたりするのですか？」<http://www.psych.or.jp/interest/ff-36.html>

厳島行雄（2005）. 1章目撃証言の心理学　菅原郁夫・サトウタツヤ・黒沢香（編）法と心理学のフロンティアⅡ巻犯罪・生活編　北大路書房

厳島行雄・仲真紀子・原聡（2003）. 目撃証言の心理学　北大路書房

Loftus, E., & Ketchum, K.（1994）. *The myth of repressed memory. : False memories and allegations of sexual abuse*. New York : St. Martin's Press.（仲真紀子（訳）（2000）. 抑圧された記憶の神話　偽りの性的虐待をめぐって　誠信書房）

槙洋一（2008）. ライフスパンを通じた自伝的記憶の分布　佐藤浩一・越智啓太・下島裕美（編著）自伝的記憶の心理学　北大路書房　pp.76-89.

槙洋一・仲真紀子（2006）. 高齢者の自伝的記憶におけるバンプと記憶内容　心理学研究　77　pp.333-341.

仲真紀子（2011）. 4章目撃証言　日本児童研究所（編）児童心理学の進歩　50　金子書房

Nolen-Hoeksema, S., Fredrickson, B. L., Loftus, G. R., & Wagenaar, W., L.（2009）. *Atkinson & Hilgard's introduction to psychology.* 15th ed. Calofornia : Cengage Learning.（内田一成（監訳）（2012）. ヒルガードの心理学　第15版　金剛出版　pp.390-459.）

岡直樹（2005）. 長期の記憶　海保博之（編）朝倉心理学講座2　認知心理学　朝倉書店　pp.46-76.

苧阪満里子（2002）. 脳のメモ帳ワーキングメモリ　新曜社

Roediger ,H.L. Ⅲ , & McDermott, K. B.（1995）. Creating false memories : Remembering words not presented in lists. *Journal of Experimental Psychology : Learning, Memory, and Cognition*, 21, pp.803-814.

Rubin, D. C., Schulkind, M. D., & Rahhal, T. A.（1999）. A study of gender differences in autobiographical memory : Broken down by age and sex. *Journal of Adult Development,* 6, pp.61-71.

Shacter, D. L.（2001）. *The seven sins of memory : How the mind forgets and remembers*. Boston : Houghton Mifflin Harcourt.（春日井晶子（訳）（2002）. なぜ，「あれ」が思い出せなくなるのか　記憶と脳の7つの謎　日本経済新聞社）

Squire, L. R., & Zola-Morgan, S.（1991）. The medial temporal lobe memory system. *Science*, 253, pp.1380-1386.

多鹿秀継（1996）. 重要研究 1-10　ロフタスとパーマー（1974）自動車事故の再構成　箱田裕司（編）認知心理学重要研究集2　記憶認知　誠信書房　pp.41-43.

多鹿秀継（1996）. 重要研究 1-2　バートレット（1932）想起　箱田裕司（編）認知心理

学重要研究集2　記憶認知　誠信書房　pp.9-13.
上原泉（2008）．自伝的記憶の発達と縦断的研究　佐藤浩一・越智啓太・下島裕美（編著）自伝的記憶の心理学　北大路書房　pp.47-58.

■ 参考文献

仲真紀子（2011）．心理学の世界専門編12　法と倫理の心理学　心理学の知識を裁判に活かす　目撃証言，記憶の回復，子どもの証言　培風館

ロフタスなど偽りの記憶について理解するのに役立つ。5章では偽りの記憶が疑われる事例として，ある刑事事件の容疑者による殺人の供述の変化が分析されている。

薬師神玲子・甲村美帆　石口彰（監）（2012）．認知心理学演習　視覚と記憶　オーム社

3章と4章が記憶に関する内容である。ワーキングメモリや長期記憶について専門的でありながら，図表も多く使用しわかりやすく解説されている。またキーワード，課題やホームワークにより，理解が深まるよう工夫してある。

第5章
感情・欲求

1．感情の経験

（1）ジェームズ・ランゲ説

ある刺激に対して生じる身体の生理的変化への気づきが，感情を生じさせるという考え方である。ウィリアム・ジェームズは，「人は泣くから悲しくなり，殴ったから怒りを感じ，震えるから恐いのだ」と述べ，感情経験よりも身体反応が先に生じるとした。ほぼ同時期にランゲも自律神経系の覚醒を含む身体変化に着目し，同様の主張をしていたことからジェームズ・ランゲ説（→ p.201）という。内蔵活動，心拍，発汗など生理的，身体的変化が先に生じるとしたことから末梢起源説ともよばれるが，この理論は1920年代に批判されるようになった。

批判の理由として，内蔵変化の速度は感情の原因になるにはあまりにもゆっくりであること，自律神経系の覚醒様式には，さまざまな感情を区別するほどの多様性がないこと，薬の注射などで人為的に身体変化を起こしても本当の感情経験は生じないこと，内臓器官を切除しても感情の反応に変化がないことなどがあげられる。このような反証からジェームス・ランゲ説を批判したキャノンは，代わりに脳の視床が感情の生起に重要であるという中枢起源説（キャノン・バード説（→ p.201）という）を主張した。

(2) 情動の二要因説

感情は自律神経系の覚醒といった生理的変化と，認知的評価の両方の要素から生じるという考え方である。シャクターとシンガー（1962）は，実験参加者にビタミン剤が視覚に与える効果を調べるという名目で，エピネフリンを注射した。エピネフリンは心拍数や呼吸数の増加，筋肉の震え，緊張感といった自律神経系の覚醒を引き起こす。

その後，実験参加者は他の人と一緒に待合室に残されるが，待合室にいる人は実は全員サクラであり，２つの異なる雰囲気を作り出していた。１つは，サクラが紙飛行機を飛ばしたり，ゴミ箱に紙を丸めてシュートしたりしてはしゃぐ条件であり，もう１つはサクラが実験についての文句を言い，質問紙を破り捨てて険悪な雰囲気にする条件である。

注射による生理的効果について正しい情報が伝えられた参加者に比べ，何も情報を与えられなかった参加者のうち，サクラがはしゃぐ条件に割り当てられた参加者は，楽しいと感じると評価し，険悪な雰囲気の条件の参加者は，怒りを感じると評価した。情報を与えられなかった参加者たちは，注射によって引き起こされた生理的，身体変化を，目の前の状況によって生じたと認知的に評価し，「楽しい」あるいは「怒っている」という特定の感情に帰属させたと考えられる。

(3) ザイアンスとラザラスの論争

ラザラスは，感情の生起において認知的評価が不可欠であり，感情に先行すると考えた。一方，ザイアンスは情動と認知は基本的に独立のシステムであり，認知がなくても感情は生じると主張した。見る回数が多いと，その対象を見たという認識がなくても，快感情をもつようになる単純接触効果（→ p.201）はその代表例である。

1980年代前半に感情と認知との関係をめぐり激しい論争が起きた。ザイアンスとラザラスの食い違いは，認知のとらえ方の違いとも考えられている。ラザラスは半ば自動化された無意識レベルでの情報処理も含めて認知としていたのに対し，ザイアンスは反省的で意識の介在する情報処理のみを認知としていたのである（遠藤，2002）。

（4）ルドゥーの二経路説

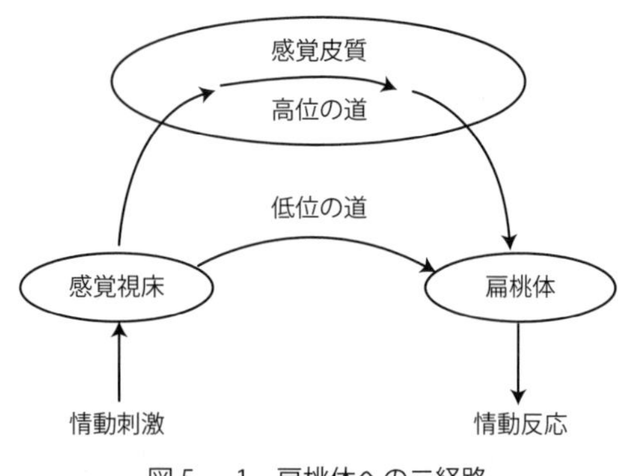

図５－１　扁桃体への二経路
（ルドゥー，1996；図は松本他，2003より引用）

感情認知には，外界からの刺激が，視床から扁桃体へ直接入るルート（低位経路）と，視床から大脳皮質を経由して扁桃体へ入るルート（高位経路）の２つがあるという考えがある（図５－１）。

「林の中を歩いているとしよう。パリパリという音が聞こえたとすると，その音の刺激は，視床を通ってまっすぐ扁桃体に伝えられる。音は視床から皮質にも達する。皮質は，その音が自分の長靴の重みではじけた乾いた小枝の音なのか，ガラガラヘビがしっぽを巻いている音なのかを認知する。しかし，皮質がそれをはっきりさせるまでに，扁桃体はすでにヘビに対しての防備を始めている」（ルドゥー，1996）。

視床から扁桃体へ直接入るルートは，早いが粗く大まかな処理が行われるため，無意識的な認知のない感情と感じられる。高位経路は，時間がかかるが詳細な情報処理が行われるため，意識的な認知評価に基づく感情として経験される。大脳辺縁系にある扁桃体は感情に関与する領域であるが，特に恐怖の記憶の獲得，貯蔵，表出に重要な働きをしている（ルドゥー，2000）。

2．感情の表出と読み取り

私たちは，他者がどんな感情を抱いているのか，表情から読み取ろうとする。表情による感情表出は普遍的なものだろうか，それとも言語のように文化によって異なるものだろうか。

エクマンは，チリ，アルゼンチン，ブラジル，日本，アメリカ合衆国の５つの文化圏の人々に，ある感情を表出した顔写真を見せ，どんな感情が示されているのかを判定させた。また，1960年代当時に，白人を見たことがないパプアニューギニアのフォレ族の人々にも調査を行い，さらにフォレ族の人々の表情をアメリカの学生に見せて判断させることも行った。

いずれの場合も恐れと驚きの表情を混同する傾向があったものの，幸せ，怒り，嫌悪，悲しみの表情を正しく見分けられることを明らかにし，表情表出の普遍性を主張している（エクマン, 2003）。感情と表情についての研究はダーウィンが1872年に著した『人および動物の表情』にまでさかのぼることができる。表情の普遍性を示したエクマンは，表情による感情の伝達が人間の適応にとって価値があるからこそ，生得的にそなわっているというダーウィンの主張を支持する立場にあるといえる。

エクマンは，文化によらず普遍的にそなわっている基本感情として「喜び，悲しみ，恐れ，怒り，嫌悪，驚き」の６種類をあげているが，プルチックは，「喜び，悲しみ，恐れ，怒り，嫌悪，驚き，受容，期待」の８種類を，イザード（1991）は，「喜び，悲しみ，恐れ，怒り，嫌悪，驚き，興味，軽蔑，恥，はにかみ」の10種類をあげている。

３．感情の発達

（１）基本感情と自己意識的感情

ルイス（2008）によれば，乳児は生まれたときには，苦痛，快，興味の３種類が準備されている（図５－２）。生後３カ月頃までに快から喜びの感情があらわれ，なじみのある事柄には笑顔をあらわす。また，苦痛からは悲しみと嫌悪があらわれてくる。乳児は母親との相互作用の中断に伴って悲しみを，口の中の異物や不快な味のものを吐き出すことと結びついて，嫌悪を表出する。

さらに生後４～６カ月になると，腕や足の自発的な動きを抑止されることに伴って怒りが，期待に反することに伴って驚きがあらわれ，その後，なじみのない顔に対して恐れの表出が認められるという。このように基本感情（→ p.201）

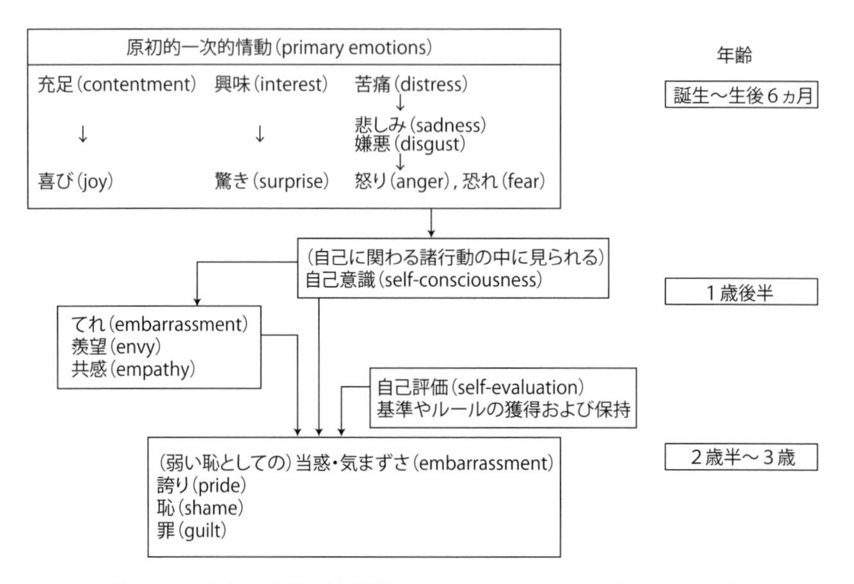

図５－２　生後３年間の情動発達（ルイス，2008，図は遠藤，2002より）

あるいは一次的感情は，生後８～９カ月頃までに観察されるようになる。

それに対し，自己にかかわりのある感情を二次的感情または自己意識的感情（→ p.202）とよぶ。自己意識的感情には１歳後半以降にあらわれる，照れ，羨望，共感や，２歳後半以降にあらわれる，誇り，恥，罪悪感がある。子どもが望ましい行動とは何かという基準を自分の中に取り込み，その基準に照らし合わせて，成功したと評価すれば誇りを，失敗したと評価すれば恥を感じるようになる。

（２）感情の文化差

ある状況において，どの感情をどの程度の強さで表示することが適切か，あるいは不適切かについては，その人の所属する社会文化によって異なる。これを表示規則とよび，３歳と４歳の子どもでも，贈り物があまり好みのものでない場合，１人で箱を開けたときには明らかにがっかりした表情をするにもかかわらず，送り主と一緒の状況では微笑むことが多い（コール，1986）。

日本人と白人の表情を用いた研究で，日本人はアメリカ人よりも怒り，恐れ，悲しみの表情の読み取りが不正確であり，特に怒りはハンガリー，ポーランド，ベトナムの人々と比べても正答率が低かった。これは日本の文化において，周囲との調和を乱すようなネガティブな感情は，強く表に出すべきではないという表示規則があるため，他者の怒りなどネガティブな表情を見る経験が少ないことによるとも考えられている（ビール・マツモト・エクマン・ハーン・ハイダー・クドウ・トン，1997）。

ルイスらは，幼児にゲームをさせて，「時間内にできなかった」と告げることで，失敗体験をさせる実験を行った。アメリカ人の子どもは悲しみの表情を示したが，日本人の幼児は悲しみはほとんど示さず，照れの表情を示した（ルイス・タカイ－カワカミ・サリバン，2010）。

4．感情の機能

（1）ソマティック・マーカー仮説

人がさまざまな選択肢の中から意思決定を行う際に，感情が利用されている。たとえば，元本の保証はなくリスクは高いが，当たれば大きな儲けがある投資話を人から勧められたとしよう。もし自分が投資したら，どのような結果になるか予測をし始めるとき，かすかな不快な感覚に気づくかもしれない。ダマシオ（1994）は，このような身体に関する直感をソマティック・マーカー（→ p.202）とよぶ。

ソマティック・マーカーには，特定の行動がもたらすかもしれないネガティブな結果に注意を向けさせ，「この先にある危険に注意せよ」といった信号として働き，その選択肢を詳細に分析させ，やめさせる働きがある。ある選択をして悪い結果が起き，それによって罰を受けたことや，身体的な苦痛や不快を感じたことは記憶され，その後似たような選択肢について考えると，そのときの身体状態が自動的に再現されるという。

カードが積まれた2つの山のどちらか一方のカードを順番にめくり，書かれた金額の合計を競うゲームにおいて，健常者はゲームが進むにつれハイリスク・ハイリターンのカードばかりが積まれた山を避けるようになる。逆に，将来は今よりもよくなるだろうというイメージに結びついたポジティブなソマティック・マーカーは，受験，手術，ジョギングのように，将来の利益のために現在の苦しみに耐えるような選択をさせる。

（2）ネガティブ感情の価値

恐れ，悲しみ，怒り，罪悪感などの嫌な気持ちはそれぞれに役割があり，以下のような重要性があげられている。

恐怖心や不安があるから，私たちは交通量の多い道路や高い所の手すりの上をふらふら歩いたり，どう猛な動物にむやみに触れたりしない。罪悪感は他者への協力行動を生じさせる。怒りは，私たちがごまかされたときや不公平に扱われたとき，正義を追求するようにさせる。また，ポジティブな感情に比べて多くの情報や知識を提供する。たとえば悲しみは喪失のサインであり，恐れは脅威のサインである。否定的な感情は私たちが問題を抱えていることを示しており，問題解決を目指す計画的な思考を引き起こすこともある（クロアー，2002）。

（3）ポジティブ感情の価値

喜び，満足，興味，愛といった肯定的な感情は単に気分がよいだけでなく，以下のような有益な影響を与えるとされている。

喜びは遊ぼうとする衝動を，興味は探求しようとする衝動を，満足は楽しもうとする衝動を生み出し，私たちの思考や行動を広げる効果がある。創造的で，好奇心旺盛で，他者との結びつきを求めさせる。遊ぶことで身体的技能や社会的スキルを身につけることができるし，興味は知識を生み出すことになる。このようにポジティブ感情によって獲得した身体的，知的，社会的資源は，進化のうえで生存の確率を高めてきたと考えられる（フレドリクセン，2002）。

5．欲求と動機づけ

人の内部にあって人の行動を引き起こすものを欲求という。生体内の生理的バランスを一定に保とうとする働き（ホメオスタシス：恒常性）にしたがって，空腹を満たしたい，のどの渇きをいやしたいといった欲求が生じる。このような生存にとって基本的で不可欠な欲求を，生理的欲求（→ p.202）あるいは一次的欲求という。欲求を満たすために人が一定の目標に向かって行動を開始し，維持する一連の働きを動機づけという。ハルらは欲求を動因とよび，個体は動因を低下させるために動機づけられていると考えた。

欲求には一次的欲求を満たされることによって生じる二次的欲求，あるいは社会的欲求（→ p.202）があり，達成動機はその代表である。マレーによると，できるだけ独力で難しいことを成し遂げようとする，障害を克服して高い水準に達しようとする欲求のことである（石毛，2009）。達成動機（→ p.202）は，主観的な成功確率が50％，つまり成功するか失敗するか五分五分の課題に挑戦するときに最も強くなるといわれている。

6．内発的動機づけと外発的動機づけ

外的な報酬によって誘発される動機づけを，外発的動機づけ（→ p.202）とよぶ。スキナー箱のネズミは餌が出るとわかれば一生懸命レバーを押すが，レバー押しそのものを楽しんでいるわけではなく，餌が出なくなれば次第に押さなくなる。それに対し，パズルを与えられたサルが，解けても餌が増えるわけでもないのにパズルに取り組み，日ごとに解ける数が増えたという報告がある。このように活動それ自体が報酬であり，目的であるような動機づけを，内発的動機づけ（→ p.202）という。たとえば，知的好奇心を満たすことや遊ぶことは，報酬を得るため，あるいは罰を避けるために行うわけではない。

内発的に動機づけられている行動に対して，外的な報酬を与えられると内発的動機づけが低下する現象を，アンダーマイニング効果（→ p.202）という。デシ（1971）は大学生たちに，3回にわたって自由にパズルを解いてもらう実験をした。2グループのうち一方に，2回目にだけ解けた数に応じてお金を渡した。その結果，3回とも報酬がなかったグループよりも，2回目に報酬をもらったグループは，3回目にパズルを解く時間が減ってしまった。

他にも，絵を描くと賞がもらえると言われた子どもたちは，賞をくれる人がいなくなった後，賞のことを知らなかった子どもよりも，自由時間に絵を描いて遊ぶ時間が減ってしまった（レッパー・グリーン・ニスベット，1973)。しかしお金や賞ではなく，褒めるという言語的な強化は，同じ外的報酬であっても子どもの内発的動機づけを高める効果があった（アンダーソン・マヌージャン・レズニック，1976)。

有能感，自律性，関係性という３つの基本的な欲求が満たされると，外発的動機づけがより自己決定されたものになり，内発的動機づけが維持されるようになる（ライアン・デン，2000)。最初は医者から運動不足と肥満を指摘され，仕方なくジョギングを始めたが，続けるうちにジョギング仲間もでき（関係性)，さらに体も軽くなり速く走れるようになった（有能感）だけでなく，走ること自体が楽しくなって，マラソン大会に出るという目標をもつようになった（自律性）という例もあるだろう。内発的動機づけと外発的動機づけは連続性をもっているといえる。

7．動機づけと原因帰属

人は成功や失敗に対しその原因を考える。その原因を何に帰属させるかによって，その後の動機づけが変化することがある。ワイナーの原因帰属理論では「安定性」と，「統制の位置」の２つの次元の組み合わせによって，４つの原因帰属 (→ p.202) に分類する（ワイナー，2010)。安定性はその原因が，時間的に変化が少なく安定しているか，それとも不安定かという次元であり，統制の位置とはその原因が内的なものか外的なものかという次元である。

内的で安定した「能力」，内的で不安定な「努力」，外的で安定した「課題の困難度」，外的で不安定な「運」に分類される。その後，ワイナーは「統制可能性」という次元も加えている。試験で失敗したとき，「自分の頭が悪いからよい点が取れない」と考えれば，内的で安定していて統制不可能な原因に帰属したことになる。これでは勉強を頑張るよりも，どうせ自分には無理とやる気は低下するだろう。一方，「バイトが忙しくあまりテスト勉強しなかったからだ」

と考える場合，内的，不安定，統制可能な原因帰属となり，次回はテスト前にバイトはやめておこうとか，勉強時間を確保しようなど，動機づけは維持できる。

また原因帰属は感情にも影響を与える。成功したとき，内的な帰属をすれば，誇りを感じるが，逆に失敗したときに内的で統制不可能な原因帰属をすると，恥や屈辱を感じる。失敗したとき内的で統制可能な原因帰属（努力が足りなかったなど）をすると，罪悪感や後悔を感じる。このように成功や失敗の出来事そのものは変えられなくても，原因帰属の方法で動機づけを低下させないことが大切である。

コラム

日本人とアメリカ人の顔文字の違い

表情を読み取るのに，顔の目と口のどちらが手がかりとなるだろうか。日本人とアメリカ人では，注目する部分が異なることが示唆されている（ユウキ・マダックス・マスダ，2007）。図中（図5－3）の左に並んだ3つの顔のうち，両端は幸せの感情が目で表現されている。一方，右に並んだ3つの顔の両端は，幸せの感情が口で表現されている。日米の大学生が，それぞれの顔を見て，その感情を「非常に悲しい（1点）」から，「非常に幸せ（9点）」までで評価した結果が示してある。点が高いほど幸せに見えたことを示している。左に並ん

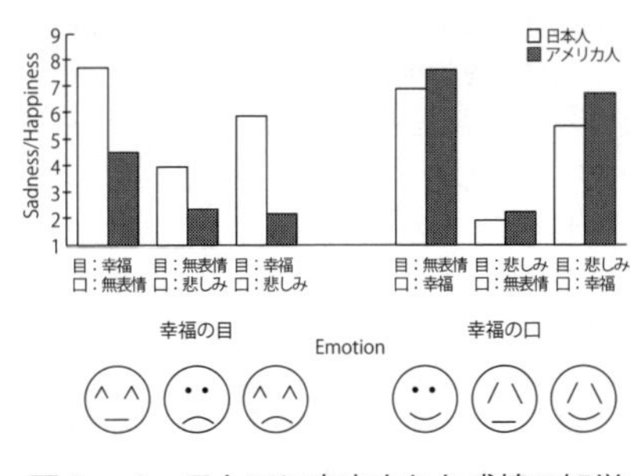

図5－3　目と口に表出された感情の知覚

表5－1　アメリカと日本で使用される顔文字

	アメリカ	日本
笑顔	: -)	(^_^)
怒り	: - (	(` д ´)
悲しみ	: - <	(: _ ;)
驚き	: -○	(ﾟдﾟ)

だ目が幸せの顔は，日本人の方が幸せと評価した。一方，右に並んだ口が幸せの顔は，アメリカ人の方が幸せと評価した。特に，日本人は口が悲しみを表していても，目が幸せを表していれば幸せと評価していた。イラストだけでなく，目と口を合成した人物写真の表情の評価においても，同様の傾向が見られた。

日本とアメリカで使用される顔文字を見ると，アメリカの顔文字は目が同じで，口によって感情の違いを表現している。日本の顔文字は笑顔と悲しみや，怒りと驚きは同じ口で，目を変えることで表現されている。日米の顔文字の違いにも，日本人は「目」に，アメリカ人は「口」に注目する傾向が反映されているのかもしれない。

■ 引用文献

Anderson, R., Manoogian, S.T., & Reznick, J.S.（1976）. The underminig and enhancing of intrinsic motivation preschool children. *Journal of Personality and Social Psychology*, 34, pp.915-922.

Biehl, M., Matsumoto, D., Ekman, P., Hearn, V., Heider, K., Kudoh, T., & Ton, V.（1997）. Matsumoto and Ekman's Japanese and Caucasian facial expression of emotion（JACFEE）: Reliability data and cross-national differences. *Journal of Nonverbal Behavior*, 21, pp3-21.

Clore, G. L.（2002）. 嫌な気分の価値　内田一成（監訳）ヒルガードの心理学　ブレーン出版　pp.776-778.

Cole, P. M.（1986）. Children's spontaneous control of facial expression. *Child Development*, 57, pp.1309-1321.

Damasio, A. R.（1994）. Descartes's error : Emotion, reason, and the human brain. New York : Grosset/Putnam.（田中三彦（訳）(2000). 生存する脳　心と脳と身体の神秘　講談社）

Deci, E. L.（1971）. Effects of externally mediated rewards on intrinsic motivation. *Journal of Personality and Social Psychology*, 18, pp.105-115.

Ekman, P.（2003）. *Emotions revealed : Understanding faces and Feelings.* London : Weidenfeld & Nicolson.（菅靖彦（訳）(2006). 顔は口ほどに嘘をつく　河出書房新社）

遠藤利彦（2002）. 発達における情動と認知の絡み　高橋雅延・谷口高士（編著）感情と心理学　発達・生理・認知・社会・臨床の接点と新展開　北大路書房　pp.2-40.

Fredricson, B. L.（2002）. 肯定的感情の価値　内田一成（監訳）ヒルガードの心理学　ブレーン出版　pp.774-776.

石毛みどり（2009）. 達成動機づけ　無藤隆・森敏昭・池上知子・福丸由佳（編）よくわかる心理学　ミネルヴァ書房　pp.236-237.

Izard, C. E.（1991）. *The psychology of Emotions*. New York : Plenum.（荘厳舜哉（監訳）(1996) 感情心理学　ナカニシヤ出版）

LeDoux, J. E.（1996）. *The Emotional Brain : The Mysterious Underpinnings of Emotion Life.* New York : Simon & Schuster.（松本元・川村光毅・小幡邦彦・石塚典生・湯浅茂樹（訳）（2003）. エモーショナル・ブレイン　情動の脳科学　東京大学出版会）

LeDoux, J. E.（2000）. Emotion circuits in the brain. *Annual Review of Neuroscience,* 23, pp.155-184.

Lepper, M. R., Greene, D., & Nisbett, R. E.,（1973）. Undermining children's intrinsic interest with extrinsic reward : A test of the "overjustification" hypothesis. *Journal of Personality and Social Psychology*, 28, pp.129-137.

Lewis, M.（2008）. The emergence of human emotion. In M. Lewis, J. M. Haviland-Jones, L. F. Barrett（Eds.）*Handbook of emotions* 3rd ed. New York, Guilford Press. pp.304-319.

Lewis, M., Takai-Kawakami, K., kawakami, K., & Sullivan, M. W.（2010）. Cultural differences in emotional responses to success and failure. *International Journal of Behavioral Development,* 34, pp.53-61.

Ryan, R. M., & Deci, E. L.（2000）. Intrinsic and extrinsic motivations : Classic definitions and new directions. *Contemporary Educational Psychology,* 25, pp.54-67.

Schachter, S., & Singer, J. E.（1962）. Cognitive, social, physiological determinants of emotional state. *Psychological Review*, 69, pp.379-399.

Weiner, B.（2010）. The development of an attribution-based theory of motivation : A history of ideas. *Educational Psychologist*, 45, pp,28-36.

Yuki, M., Maddux, W. W., & Masuda, T.（2007）. Are the windows to the soul the same in the East and West? Cultural differences in using the eyes and mouth as cues to recognaize emotions in Japan and the United States. *Journal of Experimental Social Psychology*, 43, pp.303-311.

■ 参考文献

リチャード・ワイズマン　木村博江（訳）(2013). その科学があなたを変える　文藝春秋
行動力が気分を変化させる現象を，研究知見をもとにわかりやすく解説している。

第6章
性格

1．性格とは

性格について，オールポートは「個人のうちにあって，その個人に特徴的な行動や思考を決定する心理物理的体系の力学的体制」，柏木恵子は「有機体の行動に特殊的，個人的傾向と統一性・連続性を与えているものの統合」と定義している。これらについて考えてみると，確かに「明るい人」，「内向的な人」などは，人の性格をあらわすのによく用いられる言葉であり，それらは環境の居心地や人間関係の良し悪し，そこからくるストレスなどとも関係していると考えられる。

いずれにしても，性格とはその人が何らかの行動をしたときに，初めて客観的に観察することができるものである。それらのうち，どのようなものが行動としてあらわれやすいのかが，その人の個性を形成すると考えられる。人間の場合，誕生から成人へと発達していくにつれて，そうした個性の個人差も大きくなっていく。

しかしながら，ある行動とその誘発要因の関連性は単純なものではない。たとえば，失恋という出来事に対して，私たちがどのような反応をするかは人それぞれである。失恋を自分自身の魅力のなさに帰属して，より魅力的になれるように努力する人もいるだろうし，自分以外のものに帰属して，「見る目がない」と相手を責める人もいるかもしれない。他者にこころない言葉を投げかけられたときに，腹が立って言い返したくなる人もいれば，特に何とも思わない人もいるだろう。

このように，性格には多かれ少なかれ相違が見られ，まったく同じ性格の人はいない。また，同じような出来事に遭遇したとしても，そのときどきの状況によって，表面にあらわれる行動は異なってくる。しかし，同時に，性格のよく似た人がいること，ある人が繰り返し表出しやすい行動パターンがあることもまた事実である。

本章では，性格はどのようにして形成されていくのか，また，性格をどのようにとらえるのかについて述べていくことにする。

2．性格の形成

性格は遺伝によって形成されるのか，それとも環境に影響を受けることで形成されていくのだろうか。ゴールトンやゲゼルは「性格は遺伝で決まる」という遺伝説を，ワトソンは「性格は生まれてからの経験で決まる」という環境説をそれぞれ提唱している（大山, 2010）。こうした「遺伝か環境か (→ p.202)」は，古くから論争の対象となってきたテーマであった。

たとえば，他人に優しい穏やかな人がいたとする。その要因として，両親の穏やかな気質がその人に遺伝したと考えることもできるし，「人に優しくするように」という両親の教えの影響を受けたためであると考えることもできる。また，「優しい人になりたい」という自らの意志も影響している可能性がある。このように、性格の形成には遺伝的要因，子育てなどの環境的な要因，「こうなりたい」という自己形成の要因がそれぞれ関連しているのである。

（1）遺伝的要因

遺伝とは，親の世代がもつ特徴が子どもの世代に伝達される現象である。ヒトはヒトからしか生まれず，さらに体格や動作，能力なども，ヒト同士で極端に変わることはない。親子で「似ている」という印象をもつことも，まれではないはずだ。バッハ家やダーウィン家など，芸術や学問の領域で著名人を出している家系もある。これらの知的能力や活動性，感受性，元気のよさ，環境の変化を知覚する能力などは，その形成において遺伝的な要因が大きく，また身長や体重，顔立ちや運動能力，特定の病気のかかりやすさなどについては，心理学的諸特徴よりも遺伝規定性が高いとされる（詫摩，1990）。

しかしながら，親子は生活環境も同じであり，子どもは親の生活パターンを見て，それらを学習して自分の行動をつくり上げていく。たとえば，親の趣味で家に置いてある楽器に子どもが興味を示し，音楽的な才能が早くから開花するケースもあるだろうし，養育の仕方が世代間で伝承され，結果として親子で性格が似てくることもあるだろう。性格は遺伝だけで決定されるわけではなく，環境的な要因もかかわっているといえそうである。では，性格の形成に及ぼす環境の要因としてはどのようなものがあるのだろうか。

（2）環境的要因

フロイトは，人のこころを1つの装置としてとらえ，その装置の3つの領域をそれぞれ「イド」「自我」「超自我」とよび，それらのどこにこころのエネルギー（リビドー，→p.202）が作用するかで性格が決まると考えた。リビドーがイドに強く作用すると衝動的・感情的に，自我に強く作用すると現実的・合理的に，超自我に強く作用すると道徳的・良心的になりやすいといわれている（瀧本，1990）が，それらの配分は，家庭環境に影響を受ける。

フロイトは性格の発達段階として口唇期（生後1歳半くらいまで），肛門期（3～4歳），エディプス期（6～7歳），潜伏期（学童期），性器期（思春期・青年期）の5つを設けている。これらのうち，家庭環境で重要なのが口唇期と肛門期である。口唇期には，母子関係のあり方によって性格の基礎ができる。母子関係が適切であれば信頼感や安定感が形成され，不適切だと嗜癖や依存性が形成される。肛門期は，しつけによってリビドーの制御を学ぶ時期である。しつけが緩ければ，わがままな「イド」優位の性格が，過剰であれば我の強い，意地っ張りな性格が形成される（瀧本，1990）。

こうしたしつけや養育態度のあり方について，より細分化した研究も行われている。サイモンズは，親の養育態度を保護―拒否，支配―服従の2つの軸で分類した。

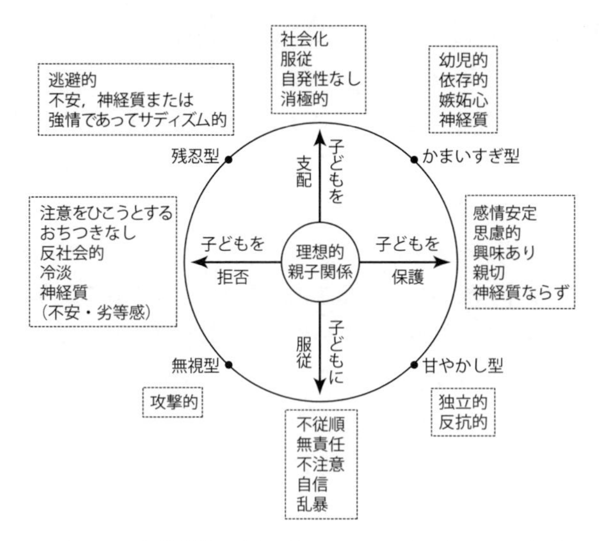

図６－１　家庭環境の要因（藤永・三宅・山下ら，1977より）

図６－１には,子どもに対して保護的な態度で接したほうが情緒的に安定し,社会的にも望ましい行動が多くなるものの，拒否・支配・服従については，それらのどこが優位になっても望ましくなく，バランスのとれた状態が理想的であることが示されている。

ただし，これはあくまでも親の立場から見た視点であり，子どもが親の養育態度をどのように受け止めているか，そして自己を成長させていこうとしているか否かの視点が欠けていることも，考慮に入れる必要がある。

（3）自己形成の要因

子どもはある程度成長すると,家族よりも同年代の友人と過ごす時間が増え,友人たちとの関係性を意識するようになる。また，学校で学んで知識を得るのと同時に，自らの生き方を模索するようになる。そうする中で，どういう性格が望ましいかを考え,そうした理想に自分を近づけようと努力するようになる。優しい人になりたい，みんなに「すごい」と言われたい，などの理想をもち，本を読んだりスポーツに打ち込んだり，好きな俳優が出ているテレビドラマや映画を見たりするようになる。このように，性格形成に及ぼす意志の力の影響を，自己形成の要因という。

さらに年齢を重ねて恋愛を意識するようになると，相手に好かれるために，相手の価値観に合わせて振る舞うようになる。また，受験や就職活動の面接などで人間性を試されるような年齢になると，緊張や臆病な側面を隠し，物怖じしない堂々とした側面を前面に出そうとするようになる。実際に就労するようになると，その職業に特徴的な印象を意識するようになることもある。スポーツマンらしい爽やかさ，営業職らしい快活さ，管理職らしい気前のよさなどがそれである。これらを印象管理という（詫摩，1990）。

しかしながら，神経質や感受性などの気質に関連する側面は，意志の力はおよびにくく，自己形成の要因は影響しにくいと考えられる。

3．性格の同心円構造

遺伝的要因，環境的要因，自己形成の要因は，それぞれ性格形成に影響する側面やタイミングが異なっているといえそうである。それでは，それらは，どのようにわれわれの性格形成に影響を及ぼしているのだろうか。宮城（1970）は，性格を層に分け「同心円構造」として説明している。

図中の気質・気性は感情や才能などの遺伝的要因，習慣的性格は家庭での養育のされ方などの環境的要因，役割性格は学校や社会での人間関係や，社会経験で身につく自己形成の要因に関連する側面であると考えることができる。

幼いうちに同心円の中ででこぼこのこぶができると，年齢を経るにつれて雪だるま式に問題が大きくなり，何らかの症状としてあらわれてくる。たとえば，元来わがままな気質をもっていたとして，それに対処せずに成長すると，周囲に嫌

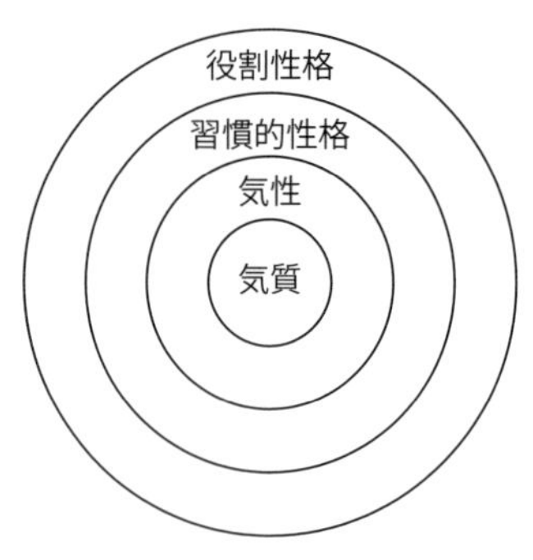

図６－２　性格の同心円構造
（宮城，1971より）

われ，いじめの対象になり，そのせいでさらに被害的になり，気難しい性格になっていく危険性がある。そして，他者とかかわることをしなくなり，社会と隔絶するとさらに社会性が身につかなくなっていく。逆に，幼い頃にわがままに気づき，社会の中でさまざまな経験をして我慢することを学習すれば，人当たりの柔らかい優しい性格を身につけることもできる。たとえきらびやかな才能を持って生まれたとしても，人生の中でその才能を見出し，伸ばす努力をしなければ大成することはない。

つまり，人の性格は遺伝的要因をベースに，育った家庭や学校など，周囲の大人の影響を受ける環境的要因，「こうなりたい」という自己形成の要因などが影響し，形成されるのだと考えることができる。

こうした遺伝の仕方も育てられ方も，どのような性格を意識して性格を形成するかも，当然個人差が大きく，多様である。では，われわれは多様な性格をどのようにして把握しているのだろうか。

4．性格の類型論的理解

一定の観点から典型的な性格像を想定し，それによって多様な性格を分類し，性格の理解を容易にしようとする立場を，性格の類型論という。古くは20世紀前半のドイツにおいて盛んに研究された（詫摩，1990）。類型論の成立する根拠は，特定の個人の行動や態度にはある一定の共通点が見られることである。そうした考え方は今日でも根強い。たとえば，それぞれの血液型に特徴的な性格があると考えるいわゆる血液型診断などは，一度は話題にしたことがあるだろう。

（1）クレッチマーの類型論

クレッチマーの類型論は，性格と精神病理との関連性に言及したものである（大山，2010）。精神科医でもあったクレッチマーは，自らの臨床上の経験から，躁うつ病（気分障害）は肥満型の体格の人に，精神分裂病（統合失調症）は細身型の体格の人に，てんかんは闘士型の体格の人にそれぞれ多いことを見出した。これらの疾患をもつ患者の発病前の状態に，一定の特徴がしばしば認められたことに注目して，それぞれに「躁うつ気質（循環気質）」「分裂気質」「粘着気質」という類型を設定した。また，これらの類型についてクレッチマーは，健常な人々の体型と性格の関係にも適用することができるのではないかと考えた。つまり，肥満型の人には気分障害の人がもつような特徴が，細身型の人には統合失調症の人がもつような特徴が，筋肉質の人にはてんかんの人がもつような特徴が，それぞれ認められるのではないかと，クレッチマーは考えたのである。

一般に，躁うつ気質は社交的であり，共感性が高く争いを好まない性格，分裂気質は躁うつ気質とは対照的な，臆病，敏感，神経質，はにかみなどの性格，粘着気質は几帳面で凝り性であり，礼儀正しいが頑固な側面をもつ性格であるとされている。気分障害，統合失調症，てんかんはこれらの側面が強くなってきた状態であると考えることができる。

（2）シェルドンの類型論

シェルドンの類型論も，クレッチマーと同様に，体格に焦点をあてたものである（大山，2010）。シェルドンは，身体の各部分を測定し，胎生期における胚葉の発達がどの方向に向かったかによって，外胚葉型（頭脳緊張型），内胚葉型（内臓緊張型），中胚葉型（身体緊張型）に分類した。

外胚葉型はやせ型で神経系，感覚，皮膚組織がよく発達しており，控えめで社交を避ける，疲労しやすい，安眠できない，などの性格特徴をもつ。内胚葉型は肥満型の体型で消化器系がよく発達しており，弛緩・安楽・食べることを好む，社交的などの性格特徴をもつ。中胚葉型は直線的で重量感のある体型で骨や筋肉がよく発達しており，精力的に活動・自己主張をし，運動や冒険を求める性格特徴をもつ（大山，2010）。

（3）シュプランガーの類型論

類型のよりどころを，行動や興味関心に求める立場も少なくない。シュプランガーは，人がどのような生活領域に最も価値を置き，興味を抱いているのかに着目し，経済型，理論型，審美型，宗教型，権力型，社会型の６つの類型を考えた（詫摩，1990）。

経済型はすべての物事を経済的観点からとらえて財産の獲得を目指そうとする性格，理論型は物事を客観的に眺めて知識の体系に価値を見出そうとする性格，審美型は実際生活よりも芸術や美に価値を見出そうとする性格である。

宗教型は神など聖なるものの救いと恵みを感じ，そうしたものに価値を見出そうとする性格，権力型は他人を支配することを欲し，権力の獲得を目指そうとする性格，社会型は他者や社会一般の福祉に興味を持ち，他者の助けになることを重視する性格である。

例として，経済型は倹約家や貯蓄家，理論型は研究者や教員，審美型は芸術家，宗教型は宗教家や熱心な信者，権力型は経営者，社会型は福祉職などを考えることができる。

シュプランガーが考えた類型論は，いわば生き方に関する類型ととらえることができる。しかしながら，どのような領域に興味関心を抱くかについては多様な個人差があり，また，個々人の価値観も１つだけではなく多様な価値方向があるため，どの型に属するのか容易に分類しにくいこともある。

（4）ユングの類型論

ユングは，リビドー（心的エネルギー）の作用の仕方によって，外界の刺激に影響を受けやすい外向型と，内面的なものに影響を受けやすく自己に関心が集まりやすい内向型に性格を分類した（アンソニー，1997）。さらにユングは，精神の主な機能として思考・感情・感覚・直感の４種類の類型をあげた。思考機能は客観的に物事をとらえ，その因果関係を分析しようとする機能，感情機能は物事や他者に共感し，それらの立場に立って考えようとする機能，感覚機能は五感をフルに使って外界の情報を取り入れようとする機能，直感機能は物事の関係性やつながりを直感的に把握しようとする機能である（瀧本，1990）。ユングは，それらに先述の外向・内向概念を組み合わせ，４×２の８種類の類型を考えている（表６－1）。

内向感情型は多くの人に平等な優しさを向けるものの，干渉するのもされる

表６－１　ユングの類型論（木村，1985より）

	内向型	外向型
感情	多くの人に対して平等な優しさをもつ	感情表現が上手で，誰とでも明るく接する
思考	内面に関心をもち，自分の主義主張を大切にする	客観的事実に基づいて論理的に考える
感覚	想像力・イメージが豊か。観察力に優れる	技術的なことに巧みでセンスが鋭い
直感	自分の心の中に対して勘が鋭い	世間の動向を見通して大枠をつかむのが得意

のも嫌いなタイプ，外向感情型は気分を巧みにコントロールして誰とでも明るく接するタイプである。内向思考型は自分の内面に関心をもち，自分の理想を大切にするタイプ，外向思考型は客観的な事実を重視して論理的に物事を考えるタイプである。内向感覚型は小説家や詩人などに多く見られ，観察力にすぐれて想像力が豊かなタイプ，外向感覚型はセンスが鋭く技術的なことに巧みな職人タイプである。内向直感型は，発明家や宗教家などに多く見られ，自分の内面に関するカンが鋭いタイプ，外向直感型はマスコミ関係者などに多く見られ，世間の動向をすばやく見渡して大筋をつかむのが得意なタイプである（木村，1985）。

ユングの類型論の理論については，「向性検査」という質問紙法の心理検査として発表されたが，その他の実用的な面では，それ以上の発展はみていない（瀧本，1990）。

（５）類型論の長所と短所

類型論は，無数にある性格を大まかに分類して把握するため，簡便でわかりやすいという特徴がある。「あの人はやせ形だから几帳面だ」というように，ある人の特徴を大まかにつかむための枠組みとしては有効であろう。

しかし，類型論は無数の性格を少数の型に分類する方法であるがゆえに，その型にすっきり当てはまるケースだけでなく，複数の型の特徴が混合されているケースも多いという問題点もある。たとえば，クレッチマーの類型論において，躁うつ気質の「社交性」と，分裂気質の「神経質」を同時に合わせもつ人も珍しくないのではないか。

また，類型論の性格理解はあくまで「現在」の性格の分類である。たとえば，クレッチマーの類型論では肥満型の人が気分障害の素質を，細身型の人が統合失調症の素質をそれぞれもっているとされる。仮に，肥満型の人がダイエットに成功して細身型の体型になれば，統合失調症の素質を持つようになるのかといえば，必ずしもそうではない。このように，類型論は性格を静態的なものとしてとらえているため，「なぜそのような性格になったのか」という力動を説明できないという短所もある。

5．性格の特性論的理解

どんなに人に厳しい人でも，ふとしたときに「優しさ」を垣間見せることがある。逆に，どんなにふだん優しい人でも，理不尽さに対して「怒り」を見せることがある。仕事に真剣に取り組まない人でも，自分の好きなことには真剣に取り組むこともあるだろう。逆に，真面目な人でも，ときには「手を抜く」こともあるだろう。このように，「優しさ」や「怒りっぽさ」，「真面目さ」などは，誰もがもち合わせている特性である。特性論とは，これらのような誰もが多かれ少なかれもっているさまざまな態度や行動パターンのうち，どれが多くてどれが少ないかに着目して，人の性格を把握していこうとする立場である（瀧本，1990）。

しかしながら，人の性格を構成している性格特性は多種多様であり，一つひとつをあげていくときりがない。性格を理解するための特性は，調査や先行研究から大量に集められており，全てをとりあげるのは難しい。しかし，これらの特性のうち，似通った特性同士を集めて，いくつかのグループを見つけ出していくことは可能である。こうした手法を因子分析（→ p.202）といい，性格の特性論において取り入れられている（瀧本，1999）。

（1）オールポートの特性論

性格の特性論的理解の出発点は，オールポートである。オールポートは特性について，性格の基本となる反応傾向であり，異なる状況においてもその人を一貫した行動に導くものであると考えている。たとえば，「真面目さ」という特性を持つ人は，どのような場面においても，たとえば，買い物をする場合にも，仕事をする場合でも，自宅で台所に立つ場合においても，その真面目さが，綿密な計画を立てる，手抜きをしない，などの行動となってあらわれてくる。

オールポートは，上記の特性を，多くの人が共通してもつ「共通特性」と，その個人だけがもっている個人的特性に分けた。そして共通特性をテストで測定し，それぞれの特性を個人がどの程度持っているのかのプロフィールを描き出す心誌（サイコグラフ）を考案した。

オールポートの特性論では，人々に共通する特性を一定数選び出し，それらの程度を測定し，プロフィールを作成する。そして個々人がそれぞれの特性のうちどれを多くもち，どれが少ないのかを把握する。そうすることで，性格構造を比較することを可能にした点で意義深い。

心理生物的基礎							共通特性													
身体状況			知能		気質		表出的			態度的										
											対自己		対他者			対価値				
容姿整	健康良	活力大	抽象的知能高（言語的）	機械的知能高（実用的）	感情広	感情強	支配的	自己拡張的	持久的	外向的	批判的	自負的	共存的	利他的（社会化）	社会的知能高（如才なさ）	理論的	経済的	芸術的	政治的	宗教的
容姿不整	健康不良	活力小	抽象的知能低	機械的知能低	感情狭	感情弱	服従的	自己縮小的	動揺的	内向的	無批判的	自卑的	自閉的	利己的（非社会的行動）	社会的知識低（社会的非常識）	非理論的	非経済的	非芸術的	非政治的	非宗教的

5 4 3 2 1 0 1 2 3 4 5

図６－３　オールポートの心誌（オールポート，1937より）

（2）アイゼンクの特性論

アイゼンクは，性格は類型，特性，習慣的反応，個別的反応の４層に分類されると考えた。最も上の階層に属するものが類型である。類型はいくつかの特性が相互に高い相関をもってまとまったものであり，内向性，外向性，情緒安定性の３種類である（瀧本，1990）。

類型の下位に構成され，それぞれの類型を構成するのが特性である。内向性類型は持続性，硬さ，主観性，羞恥性，易感性の５つの特性から，外向性類型は活動性，社交性，冒険性，衝動性，表出性，反省の欠如，責任感の欠如の７つの特性から，情緒安定性類型は低い自尊心，不幸感，不安，強迫観念，自律性欠如，心気症，罪悪感の７つの特性からそれぞれ構成される。アイゼンクは後に，従来の３類型に，敵対的，被害念慮，社会的規範意識や道徳性が低い，日常的な常識を無視する，等の特性を備えた精神病質類型を加えている。

特性の下位に構成されているのが，習慣的反応と特殊反応である。習慣的反応は，たとえば「癖」のように，そのときどきの状況に応じてあらわれやすい行動，特殊反応はたとえば寒いときに上着を着るなど，日常生活を送る中で繰り返しあらわれる反応や行動である。

アイゼンクの理論は，これらの４層が図６－４のような形でつながり，関連し合っているというものであり，類型論と特性論の融合を図ったものであると考えることができる。

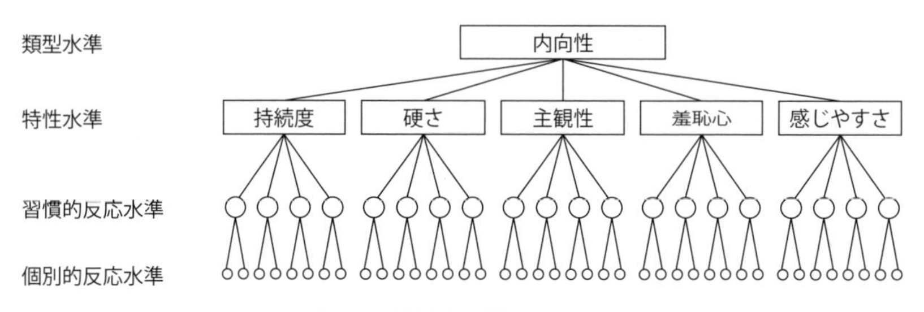

図６－４　アイゼンクの性格階層構造（アイゼンク，1960 より）

（3）特性論の長所と短所

特性論は量的な測定であり，それらの量的なデータを因子分析という手法で処理することで，能率的に性格を測定することができる。また，プロフィールを用いることで，性格の個人間比較も容易に行うことができる。

しかしながら，多くの研究者によって抽出されてきた因子が必ずしも一致していない，人々が共通してもっている特性の多寡を比較する手法であるため，その人だけがもつ個性を見落としてしまいがちである，などの問題もある。また，こうした性格を把握するためのデータ収集の方法は，多くの場合自由記述式の質問紙法であり，他者から客観的に評価されたデータではない。自分でとらえた自分自身のみを「性格」としてとらえることが多いことも，念頭に置く必要がある（戸田，2005）。

（4）ビッグ・ファイブ

多くの研究者によって見出された性格特性は非常に多様であり，それらすべての程度を測定して，性格を導き出していく作業は非常に困難である。そこで，一部の類型論をも含めてそれらを統合し，人間の性格の基本的な次元を把握しようとする立場がある。それがビッグ・ファイブである。

ビッグ・ファイブとは，人の性格を構成する特性の中で特に代表的な５つをいい，それぞれの量的比較によって性格をとらえようとする考え方である。さまざまな研究者によって，それぞれの領域の解釈や命名の仕方は多少異なっているが，基本的にはほぼ共通している（瀧本，1990）。

現在最も広く活用されているコスタとマックレーのビッグ・ファイブ理論では，活動性や外界への指向を示す「外向性」，利他的な態度や優しさを示す「調和性」，達成への意志の強さや真面目さを示す「誠実性」，感情の落ち着きを示す「情緒安定性」，新しいものへの親和性や冒険心を示す「経験への開放性」の５つの特性が示されている（表６－２）。

表6－2　コスタとマックレーのビッグ・ファイブ（瀧本，1990）

1. 外向性	穏退的—社会的，静—話し好き，抑制的—自発的
2. 調和性	知気—温厚，こころの優しい，冷酷—こころの優しい， 利己的—献身的
3. 誠実性	軽卒—慎重，たよりにならない—たよりになる， 怠慢—誠実
4. 情緒安定性	落ち着いた—うるさい，大胆な—傷つきやすい， 安心な—心配な
5. 経験への開放性	型にはまった—独創的な，冒険心のない—勇気のない， 保守的な—自由な

コラム

ものの見方，感じ方について

私たちは，誰かの性格について考えるときに，その人の特性を問題にする。「あの人は優しい人だ」「あの人は優柔不断だ」という具合である。しかしながら，よく考えてみるとある性格特性にもさまざまな側面が存在しているといえそうである。たとえば，先ほどの「優柔不断」はよいイメージにとらえられないが，見方を変えると「慎重」と同じ意味になる。「初志貫徹」は美徳のイメージがあるが，見方を変えれば「頑固」ということになる。同様に「元気」は「うるさい」に，「個性的」は「変」に置き換えることができそうである。「満たされる」ことは幸福かもしれないが，次に目指すべき目標を失ってしまうことでもある。

ふだんはこうしたことを意識することもないが，私たちは時々，同じ性格特性を見て「あの人は慎重だ」，「優柔不断な人だ」という判断をくだしてしまうことがある。その判断の基準の１つには，好き嫌いがあげられるのではないかと筆者は考える。好ましい人には，同じ性格特性でも好意的な評価をしがちであるのに対し，嫌いな人に対しては厳しい評価をくだしてしまうのではないだろうか。しかも，そうした評価は一度印象づけられると簡単には覆らない傾向がある。「あばたもえくぼ」ということわざに代表されるように，好意的な場合は欠点も好意的に見えてしまい，周囲がいくら指摘してもその人への好意的な評価はかわらない。一方で一度嫌いな印象を抱くと，相手の好意的な行動に対して悪意をもって見てしまう。傷つけられたとき，相手の謝罪に対して「謝ればいいわけではない」と考えてしまうだろうし，謝罪がなければ「なぜ謝りもしないのか」と考えてしまうのではないだろうか。

「性格がいい」「性格が悪い」という判断は，評価を受ける側だけの問題ではなく，見る側のものの見方の要因も多分に含まれているのである。

■ 引用文献

安藤寿康（1999）．遺伝／環境　中島義明・安藤清志・子安増生ら（編）心理学辞典　誠信書房　p.37.

Allport,G.W. (1937). Personality : *A psychological interpretation*. Holt.

オルポート，G. W.（1968）．今田恵（監訳）人格心理学　上・下　誠信書房

アンソニー, S.（1997）．The Essential Jung.（山中康裕（監修）菅野信夫･皆藤章･濱野清志･川嵜克哲（訳）エセンシャル・ユング　創元社）

Eyawnck,H.J. (1960). *The structure of human personality*. Mephuen.

藤永保・三宅和夫・山下栄一ら（1977）．性格心理学　有斐閣

濱野清志（1999）．意識　中島義明・安藤清志・子安増生ら（編）心理学辞典　誠信書房　p.27.

柏木恵子（1980）．人格・発達　梅岡義貴・大山正（編著）心理学の展開　北樹出版

宮城音弥（1970）．性格　岩波書店

小笠原春彦（1999）．因子分析　中島義明・安藤清志・子安増生ら（編）心理学辞典　誠信書房　p.47.

小川俊樹（1999a）．リビドー　中島義明・安藤清志・子安増生ら（編）心理学辞典　誠信書房　p.885.

小川俊樹（1999b）．無意識　中島義明・安藤清志・子安増生ら（編）心理学辞典　誠信書房　p.825.

大山正（2010）．心理学史　現代心理学の生い立ち　サイエンス社

瀧本孝雄（1990）．性格の特性論　詫摩武俊・瀧本孝雄・鈴木乙史・松井豊　性格心理学への招待　サイエンス社　pp.64-79.

詫摩武俊（1990）．性格の類型論　詫摩武俊・瀧本孝雄・鈴木乙史・松井豊　性格心理学への招待　サイエンス社　pp.48-61.

戸田まり（2005）．生涯発達の時代　戸田まり・サトウタツヤ・伊藤美奈子　グラフィック性格心理学　サイエンス社　pp.163-211.

第7章 発達

1．発達の定義と規定要因

（1）発達の定義

a．発達とは

一般に未発達な個体と環境との継続的な相互作用を通じて，さまざまな機能や構造が分化し，さらに統合化された個体が機能上より有能に，また構造上より複雑な存在になっていく過程を発達とよんでいる。そこには，ある一定の方向性や順序性をもった変化が含まれている。それは，遺伝的に組み込まれている素質が次第に展開していく成熟といわれる発達の側面と，経験を通じて新たな性質を獲得していく学習という発達の側面に，2つに分けてとらえることができる。

b．発達の原理

発達的な変化は人によって異なるが，全体的にはいくつかの原理・原則がある。その主なものは以下のとおりである。

①連続性……心身の変化は突然飛躍的に生じるものではなく，漸進的な連続によって起こる。たとえば，子どもの親からの自立も，ある年齢になると急に起こるのではなく，依存と自立を繰り返しながら進んでいく。

②方向性……発達の進み方には一定の方向性がある。運動面の発達として，頭部から尾部へ（頭，首，胸，腰，足の順），中心部から周辺部へ（肩，腕，手首，指の順）と進む。

③順序性……発達には一定の順序性がある。たとえば，幼児の絵画発達は発現時期には個人差があってもその順序は普遍的である。

④リズム……発達は，すべての領域で同じ速さで進むのではなく，領域によって発達の速さが異なる。たとえば，身長は出生後１年間で急速に伸びるが，それ以降は緩やかに進み，青年期前期になって再び急速に伸び，青年期後期には伸びが止まる。

⑤個人差……発達には個人差がある。特に，思春期を迎える時期には，個人差が顕著にあらわれる。その個人差にも，個人と個人の間で心身のさまざまな領域で差が生じる個人間差，同一個人内において各領域の発達に差が生じる個人内差の２つがある。

⑥発達連関……心身の各部分は，互いに切り離すことができない，密接な関係をもって発達する。たとえば，身体・運動面での発達は，知能や情緒，社会性や道徳性の発達を促し，逆に，知能や社会性の発達は運動に伴う遊びを動機づける。さらに，子どもは運動遊びの中で，さまざまな葛藤やトラブルを体験することで自己統制力や道徳性を身につける。

⑦分化・統合……発達は，未分化から分化へ，さらに統合へと変化する。たとえば，物をつかむ行動の発達は，最初にすべての指を広げて熊手のようにつかもうとする未分化状態から，親指と他の４本の指で挟むようになる分化した状態，さらに，親指と人差し指だけでつまめるようになる統合の状態へと変化する。

（2）発達の規定要因

a．遺伝か環境か

発達を規定しているものは，“遺伝か環境か”については，古くから論争が行われており，その考え方には以下の３つがあげられる。

①単一要因説（図７－1）……発達の規定要因を，“遺伝か環境か”のいずれか，一方に求めるという考え方である。遺伝を重視する考え方を成熟説といい，この立場を強く主張する代表者として，ゲゼルがあげられる。一方，環境を重視する考え方を環境説といい，ワトソンはこの立場を強く主張している。

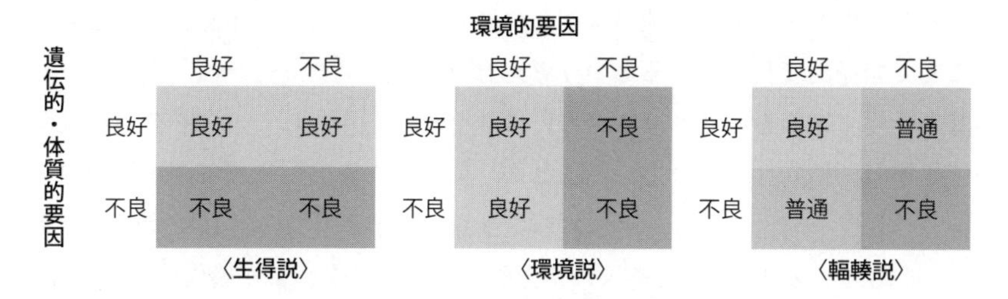

図7－1　発達の単一要因説と輻輳説（ザメロフ, 1975）

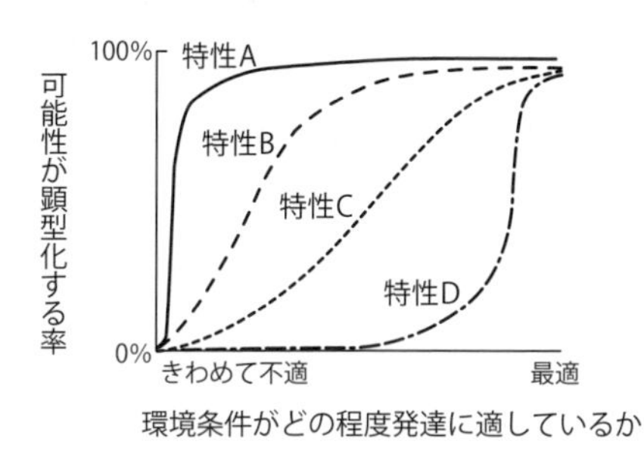

特性 A：身長や体重のような，極端に不利な環境でなければ，顕型化するもの
特性 B：知能検査の成績のような，環境の影響を中程度に受けるもの
特性 C：学業成績のような，広い範囲で環境の影響を受けるもの
特性 D：絶対音感や外国語の音韻の弁別のような，特定の訓練や好適な環境条件がない限り，顕型化しえないもの

図7－2　ジャンセンの環境閾値説（ザメロフ，1975）

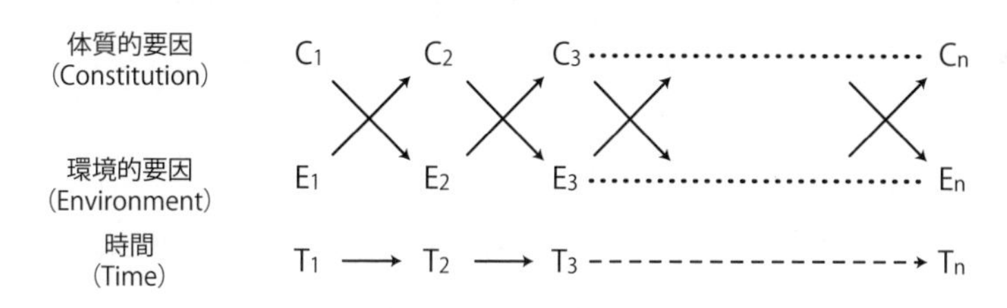

図7－3　発達の相乗的相互作用モデル（ザメロフ, 1975）

②輻輳(ふくそう)説（図7－1）……発達の規定要因を，遺伝も環境もともに関係しているが，両者は独立しており，どちらかがどれだけの比率で寄与しているかは，各特性によって異なるという考え方である。その中でシュテルンは，遺伝的要因と環境的要因が加算的に影響を及ぼし，発達の対象によってその２要因の影響割合が異なるという加算的寄与説を主張している。

③相互作用説……遺伝と環境は相互に影響しあっており，相互に影響を与えることで発達的変化が生じるという考え方である。ジャンセンは，人が遺伝の影響を受けて才能を開花させるためには，それがあらわれるのに必要な環境が一定水準（閾値（いきち））与えられていることが，前提であるという環境閾値説を唱えている（図７－２)。一方，ザメロフは発達の進行は環境に対して受け身ではなく，能動的であり，時間軸を入れた力動的で双方的な影響が協働するという，相乗的相互作用説を提唱している（図７－３)。また，フロイトやピアジェらも遺伝的にもつ規制が環境との相互作用によって，発達を促すと考える相互作用説を提唱している。

現在では，発達の規定要因の考え方としては，相互作用説が最も受け入れられている。

2．発達段階と発達課題

（1）発達段階

a．発達段階とは

発達過程のある時期にある特定の機能が目立って観察されたり，構造的な変化が見られたりすることがある。その時期を１つの段階として区分したものの系列を発達段階とよんでいる。

発達過程をいくつかの段階に区分し，その特徴を明らかにできれば，発達の道筋や個々の子どもの理解が容易になり，親や教師にとってその段階ごとに適切な育児や教育が可能になる。また，各発達段階での複数の機能間の相互関連を検討することで，発達のメカニズムを解明する手掛かりになると考えられる。

b．発達段階の種類

発達段階の区分は，さまざまな観点から分けられている。ここでは以下の４つの代表的な区分を紹介する。

①一般的発達段階に基づく区分（図７－４)）……現行の学校教育制度や社会制度にも対応しており，心理学のみならず広く一般社会にも受け入れられている区分

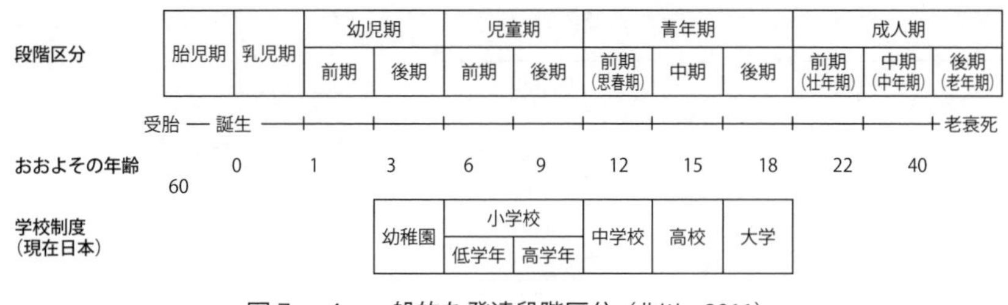

図7－4　一般的な発達段階区分（北川，2011）

表7－1　シュウトラッツの発達段階区分（北川，2011）

乳児期	中性児童期		両性児童期			成熟期
	第１充実期	第１伸長期	第２充実期	第２伸長期	第３充実期	
0～1歳	2～4歳	5～7歳	男：8～12歳 女：8～10歳	男：13～16歳 女：11～14歳	男：17～18歳 女：15～16歳	男：19～20歳 女：17～18歳

②身体的発達を基準とした区分（表7－1）……身長や体重の増加速度，性的成熟などの人体発達に着目した区分

③特定の精神機能を基準とした区分（表7－2）……思考（知能）の発達過程において，それぞれの時期に固有の質的構造を基礎とした区分

④性本能の発達を基準とした区分（表7－3）……人の性衝動であるリビドーは，段階的に身体の部位（性感帯）にあらわれる。そのあらわれる時期を基礎とした区分

（2）発達課題

a．発達課題とは

各発達段階における発達の特徴ではなく，社会や文化から要請され，期される発達の水準または目標でもあり，習得されなければならない課題を示している。そして，各発達段階で課題が達成されると社会的承認を受け，人に自信をもたらし，次の発達課題達成への意欲が高まる。反対に，その課題達成を失敗すると社会からの不承認や拒否を受け，本人が劣等感を持ち，その後の発達課題への習得や達成が困難になると考えられる。

表7－2 ピアジェによる思考の発達段階（野呂，1983）

基本段階				下位段階	
前論理的思考段階	感覚運動期		誕生〜2歳	第1段階	反射の行使
				第2段階	最初の獲得性適応と第1次循環反応
				第3段階	第2次循環反応および興味ある光景を持続させる手法
				第4段階	第2次シェマの協応と新しい状況への適応
				第5段階	第3次循環反応と能動的実験による新しい手段の発明
				第6段階	心的結合による新しい手段の発明
	表象的思考期	前操作期	2〜7歳	第1段階	前概念的思考段階階
				第2段階	直感的思考段階
論理的思考段階		具体的操作期	7〜11歳	物理的実在に限定した論理的思考	
		形式的操作期	11〜15歳	物理的実在から解放された抽象的思考	

表7－3 フロイトの発達段階
（北川，2011）

口唇期：0〜2歳
肛門期：2〜3，4歳
男根期：3，4〜5，6歳
潜在期：5，6〜11，12歳
性器期：11，12歳〜

b．発達課題の主要理論

①エリクソンの発達漸成（ぜんせい）理論（表7－4）……エリクソンは，発達課題をそれぞれの発達段階において，形成・獲得すべき心理的特質とし，人の一生を8つのライフサイクルに分け，各サイクルに対人や社会との関係から各段階に固有の心理的・社会的危機を設定している。各段階に設定された危機は，“信頼対不信”というような葛藤状態にあり，さらに，各段階でそれらを克服することによって，基本的な自己意識が獲得されるとしている。したがって，葛藤をいかに克服していくかが，ある意味での発達課題と唱えている。

②ハヴィガーストの発達課題理論（表7－4）……ハヴィガーストは，発達課題をそれぞれの発達段階において，学ぶべき内容を示すものとし，人の一生を6つの発達段階に分け，各段階にふさわしい役割などを含んだ具体的な発達課題の源泉として下記の3要素をあげている。

⑴身体的成熟……歩行学習・異性への関心など

⑵社会からの要請……読み書きの学習，社会常識を身につけるなど

表7－4　エリクソンとハヴィガーストの発達課題（坂田，2010）

	エリクソン		ハヴィガースト
	達成されるべき課題	達成されなかったとき陥る危険	
乳児期	基本的信頼	基本的不信	歩行，固形食摂取，会話，排泄，性差と性的つつしみの学習など
幼児期前期	自律性	恥と疑惑	
幼児期後期	自主性	罪悪感	
児童期	勤勉性	劣等感	日常の遊びに必要な身体的技能，仲間とうまく付き合うこと，各性別にあった適切な社会的役割，読み・書き・計算の基本的スキルの学習，ほか
青年期	同一性（自分が何者であるか多角的にとらえること）	同一性の混乱	両性の友人との新しい，そしてそれまでよりも成熟した関係の創出，男性あるいは女性としての社会的役割の獲得，自分の身体的変化を受け入れ，身体を有効的に使用する，両親やほかの大人からの情緒的独立，ほか
成人前期	親密	孤立	配偶者の選択と生活の学習，子育て，家庭の管理，職業生活の開始，市民的責任を負うこと，ほか
成人後期	生殖性（自分が生産したものを保護，維持したり，高めたりすること）	停滞性（自己の欲求を満たす以外には満足を得られないこと）	市民的，社会的責任の達成，経済力の確保と維持，余暇の充実，中年の生理的変化の受け入れと対応，ほか
高齢期	統合性（自分の人生への満足と死の受容）	絶望	肉体的な力，健康の衰退への対応，引退と収入減少への対応，社会的・市民的義務の引き受け，配偶者の死への適応，ほか

⑶個人の価値・希望……職業選択，配偶者も選択など

③ピアジェの認知発達理論（表7－2）……ピアジェは，人が外界を認識する際にはそのための枠組みである“シェマ”（→ p.203）を必要とし，さらにシェマを用いて外界の情報を取り入れる働きを“同化”とよんでいる。もし，シェマが外界の情報を取り入れるのに不十分な場合には，シェマそのものを変更するための“調整”が必要となると唱えている。つまり，人はシェマの同化と調整の過程を通じて，人は外界の認識を行っているということである。さらに，ピアジェはその知的能力が段階を追って発達していくことに気づき，その発達の様相を誕生から成人期までの4つの時期に分類して説明している。

（3）各発達段階における特徴

発達心理学において，比較的最近までは発達とは胎児から青年期に至るまで過程を示していたが，近年の著しい平均寿命の延びを受けて，発達という概念をとらえなおし，成人期や高齢期までその研究対象を拡大しなければならなくなってきている。

ここでは，人生のすべての時期にあらわれる成長と減退の様相に着目し，人の一生を7つの段階に分けて各段階ごとの発達的特徴を説明する。

a．胎児期の発達的特徴

受精8週目から出産までの時期を胎児期とよぶ。それ以前の時期とは異なり，この時期になると形態的に人らしさが備わるようになり，体内で活発に動くようになる。たとえば，胎児期12週目頃から眼球が動き出し，16週目頃から母親のお腹の中で動き回る。5カ月頃になると胎児の体は大きくなり，子宮の中で身体を折り曲げた状態で過ごすようになり，手や指，顔などを細かく動かしたり，指しゃぶりをしたりするようになる。また，この頃になると視覚，聴覚，触覚も備わってくるといわれている。

さらに，7カ月頃以降，母体の羊水に母親が食べた物の味がしみ込んでいるため，味覚も備わってくるといわれている。

b．乳児期の発達的特徴

出生から1歳半頃までを乳児期とよんでいる。この時期には，3つの発達の特徴が見られる。1つ目は，運動や動きの発達的変化として，原始反射があげられる。たとえば，手のひらを触れられると握りしめる把握反射，口の中に物が入ると吸う吸(きゅう)てつ反射，急な落下や大音に抱きつく行動を示すモロー反射，支えて立たせると足を交互に動かす歩行反射等がある。これは，一定の刺激を与えられると自動的に運動を行うことができるという乳児に生まれつき備わっている反射的行動である。

2つ目として，言語的発達である。新生児期の発声行為のほとんどは，刺激に対する機械的・自動的に発する泣き叫びである。生後1カ月頃から，“クーイング”といわれる泣き声とは異なる穏やかで静かな，ほぼ同じ音の高さの発声をするようになる。次に，２カ月から７・８カ月にかけて「アーアー」などの喃語（なんご）（→ p.203）を話すようになる。そして，１歳前後になると「ワンワン」という一語文になり，その後「ワンワン，キタ」という２語文，３語文が言えるようになる。

３つ目は，社会性の発達である。乳児にとっての最初の人間関係は母子関係である。乳児から母親への働きかけに対して，適切に応答されることが繰り返されると，情緒的絆が成立される。これを，ボウルビィは“愛着”とよび，この情緒的絆の成立は，その後の対人関係の基礎になる重要な母子相互作用である。

c．幼児期の発達的特徴

１歳半頃から６歳頃までを幼児期とよんでいる。この時期の子どもは，保育園や幼稚園に通い，遊び中心の生活となり，その後の人間関係の基礎となる，基本的生活習慣の自立を確立する時期でもある。また，母親に依存してきた対人関係は，この時期を境にしてより仲間へと移行し始める。つまり，最初の社会的な行動は保育園や幼稚園における同年齢，異年齢の仲間との出会いを通じて習得されるのである。

この時期の発達の特徴として，ピアジェは児童期の思考を前操作期の段階と位置づけている（表７－２）。この段階は，表象的思考（→ p.203）が可能となり，外部の刺激と直結した因果関係の認識ができるようになる。事物の中に人間性を見ていく相貌（そうぼう）的知覚や，他者も自分と同じように物事をとらえていると考える自己中心性を示すと唱えている。また，社会性の発達においても，それまで親に対して従順であった子どもが急に反抗的な態度を示し，自分の欲求を通そうとしたり，親の指示を拒否したりするようになる。さらに，自分ひとりでいろいろなことをしようと試み，親が手助けしようとすると怒るようになる。これが第一反抗期といわれるもので，自我の芽生えであり，健全な発達の指標として，肯定的に受け止めることが大切である。

d．児童期の発達的特徴

６歳から12歳までを児童期とよんでいる。この時期はカリキュラムを基本とした学校生活が中心となり，精神面，身体面，社会行動面などで安定した発達を示す時期でもある。特に，学校生活の中での学習，運動能力の発達，社会性の向上とともに，道徳的規準や性役割的規準の形成が重要となる。また，その形成過程において，相互に認めたり，競争する仲間への強い意識がこの時期の発達に大きく影響を与えている。

この時期における発達的特徴としては，ピアジェは児童期の思考を具体的操作の段階と位置づけている（表7－2）。この段階は，知覚的な特徴に左右されずに物事の本質的な特徴を判断できる“保存の概念”を獲得し，系列化や階層構造に基づく分類などが可能となってくる。しかし，それは具体的な対象や活動に限定されると唱えている。また，社会性の発達においても，それまでの一人遊びあるいはメンバーを固定しない遊びから，気の合う仲間同士で徒党を組むようになるこの時期を，別名“ギャング・エイジ”とよんでいる。さらに，こうした仲間との遊びから子どもたちは，他人との接し方や協調性を身につけていくようになる。同時に，物事の善悪などの判断基準が，それまで親の言葉をそのまま信じるのではなく，人によってあるいは状況によっても，判断基準が変わってくることを理解できるようになる時期でもある。

e．青年期の発達的特徴

12歳から20代の初期までを青年期とよんでいる。特に，12歳から17歳までを思春期とよび，乳幼児期と並んで，身体，心理，社会性の各面において最も変動が著しい時期（第二次性徴）でもある。ただし，性的成熟という質的変化を伴う点，またそれが自覚的に経験されるという点で，乳幼児期の第一次性徴とは異なっている。したがって，第二次性徴を含む身体的発育が見られるこの時期は，子どもから大人への過渡期にあたり，対人関係の変化に伴う心理社会的な危機と，その克服が重要な課題となるといえる。

この時期における発達的特徴として，ピアジェは青年期を思考の発達における最終段階である形式的操作期と位置づけている（表7－2）。この段階は，具体的な事実とは無関係に，抽象的な概念をもとに思考できるようになり，論理的・抽象的推論が可能となってくる。この段階以降は，成人と同様の思考形式となると唱えている。また，社会性の発達において，エリクソンは発達漸成理論で自我の同一性，すなわちアイデンティティ（→p.203）の確立が最も重要な課題であると唱えている。アイデンティティの確立とは，“自分とは何者なのか”“自分の人生の目的は何なのか”などに対して，自己を社会の中に肯定的に位置づけていくことである。一方では，アイデンティティの確立には，さまざまな可能性について試行錯誤が必要となるために，エリクソンはモラトリアムという猶予期間が必要であるとも唱えている。

この猶予期間とは青年期のみに与えられた期間で，自己概念ないし自己意識形成のために，社会的な責任・役割・義務が免除されている時期である。

ただし，この期間に確立できない場合もある。その状態を同一性拡散あるいは混乱といい，これは自己が混乱し，自己の社会的位置づけを見失った状態を意味している。その結果，青年期に経験するアイデンティティの問題を，未解決のまま成長するとその後の発達段階で深く苦しむことになる。

f．成人期の発達的特徴

20歳代初期から60歳くらいまでを成人期とよんでいる。この時期は，主に青年期に獲得したアイデンティティに基づいて，個人としてどのような意思や特性を持ち，それらをどのように発揮するかということが社会生活を通じて問われている。しかし，その社会生活おいてはこれほど変化に富む時期はないともいえる。たとえば，職業の選択，家庭を持つこと，子どもを育てることなど，多様な生活の場において何らかの役割を持つことや，他者とのかかわりの中で自らがどう振る舞うかという課題に直面するためである。したがって，この時期の主たる発達課題は，家庭や社会に対する義務の遂行であるともいえる。

また，成人期はほかの時期に比べて，経済的にも社会的にも充実する時期であり，また家庭での影響力も強い立場にある。しかし，一方では身体的な能力や機能はゆっくりではあるが確実に低下し，ストレスも徐々に蓄積していく時期でもある。特に，成人期の後半を中年期とよび，個人差が明確になる時期でもある。たとえば，社会や職場で責任のある地位につき，経済的にも恵まれた人もいれば，リストラによって経済的に不安定な状態にある人もいる。また，子どもが独立して親としての役割を終えて，経済的にも時間的にも自由な人生を楽しんでいる人もいれば，子どもが巣立つことの現実を受け入れられずに，空(から)の巣(す)症候群（→ p.203）とよばれる状態におちいる人もいる。

さらに，心臓疾患や高血圧症，糖尿病などの生活習慣病に見舞われる時期でもあり，親の介護問題などで心身ともに疲労感を増す年代でもある。そのことから，中年期には人生のうえで最も充実した時期である反面，さまざまな精神的危機をはらんでいるといえる。

その結果，先に述べた社会的・家庭的・身体的な変化に伴う心理的変化として，再びアイデンティティの揺らぎが生じ始める。この揺らぎは，中年期特有の心理的危機として，中年期クライシスとよばれている。そして，この心理的な危機で求められることは，アイデンティティの再構築である。揺らいだアイデンティティの再構築には，自分の人生を振り返る作業が必要になる。つまり，これまで描いていた自分にとって，理想の人生を軌道修正することである。そのためには，中年期において自らに起こった変化を事実として認め，受け入れることが必要となる。その結果，アイデンティティの再構築が行われ，人生の軌道修正がうまくいくことで，その後の高齢期も自信をもって迎えることができる。ただし，その軌道修正につまずくと，その後の職場環境・経済環境などが悪化する中で追い詰められ，役割の喪失感や無力感におそわれ，心理的問題を誘発することになり，不安定な精神状態で高齢期を迎えることになる。

g．高齢期の発達的特徴

成人期に続く人の生涯の中で，最後にあたる時期を高齢期とよんでいる。わが国では急激な速さで高齢化が進んだことで，高齢者を取り巻く社会環境や高齢者に対する家族や社会の意識が大きく変化している。その結果，高齢者の心身の問題に対する関心が高まることとなる。

エリクソンは，高齢期の発達課題を“統合と絶望”だとし，人生のよい面と悪い面を見つめ直し，自らに一生をすべて受け入れることが高齢期においては重要であり，それができなければ，人は自分の生涯を後悔し絶望の気持ちの中で死を迎えることになると唱えている。この時期は，加齢に伴うさまざまな面で変化が見られる。身体面でいえば，身体諸機能や免疫機能の低下により，疾病にかかりやすく，また回復に時間がかかることから慢性化しやすくなる。また，知覚的機能の視覚・聴覚についても，加齢とともに低下が見られる。心理的な面でいえば，それまでに生きてきた経験が糧になる文化・教養・知識に関する結晶性知能は，その人の意欲次第で衰えないが，問題解決能力や短期間での情報処理に関する能力などの流動性知能は衰えるといわれている。

従来，高齢期は身体面での低下のほか，社会人としての第一線を退く，近親者が亡くなるなどのさまざまな喪失を経験するネガティブな時期であると考えられていた。しかし，近年，張り合いのある豊かな高齢期を過ごし，幸福に老いていこうとする考えが注目されている。この考え方を，サクセスフル・エイジングとよんでいる。ただし，幸福な老いの姿は多様である。したがって，サクセスフル・エイジングについても以下の３つの考え方がある。

①活動理論……高齢期に入っても若いころと同じように活動的に過ごすことが，その人の生きがいを保つとする考え方

②離脱理論……社会の第一線から身を引いて活動を縮小し，自分のために時間を使うのがよいとする考え方

③継続理論……変化はしつつも高齢期に入っても，それまで築いてきた習慣が維持・継続されるという考え方

また，サクセスフル・エイジングを実現するためには，高齢期において，多様な価値観のある活動を確立することが大切である。そして，その活動によって，過ぎ去った時間，職業・子どもへの関心を充足することができる主観的幸福感を持つことが大切であるといえる。

コラム

現代社会におけるアイデンティティの確立の意味を問い直してみよう

アメリカの心理学者エリクソンは，青年期を“アイデンティティの確立の過程である”とし，大人としての責任と義務から問われることなく，自由にさまざまなことに挑戦することができる，猶予期間（モラトリアム）であると考えた。この期間に何かに思いきり打ち込んだり，挫折することで「自分とは何か」という問いかけに対する答えを見出すことができ，その後の就職や結婚等へ踏み出す際の重要な道しるべになるとも述べている。

近年では，エリクソンが提唱した50年代に比べ，若者を取り巻く環境が大きく変化してきた。たとえば，多くの若者が大学などに通うようになり，学生でいる期間が延びている。精神分析学者の小此木啓吾は70年代の大学生を見て，半人前であることを楽しんでいる現象をとらえ，モラトリアムの延長と称し，そのような状況にある若者を“モラトリアム人間”とよんでいる。さらに現代おいて，若者を取り巻く環境は以前にも増して大きく異なっている。雇用形態が不安定なため経済的な自立が難しくなっている反面，就職しても他の可能性を探す若者，フリーターや派遣社員などの流動性のある生き方を選ぶ若者も増えている。

したがって，現代のようにさまざまな価値観が錯綜（さくそう）するなかにあって，自分の人生において，“何が重要”で“何に価値を見出すべきか”という答えを1つに決めることは，以前に増して難しくなってきている。それゆえに，アイデンティティの確立が非常に困難な時代であるともいえる。

では，今後どのような視点に立って，アイデンティティの形成を考えていけばよいのか。アメリカの精神医学者リフトンは，このような時代には従来の視点に立った固定的な自己の確立を目指すのではなく，状況に応じて変幻自在に生きるような臨機応変な自己の確立を目指すほうが，その後の人生に適応できると提唱している。この考え方は，今後のアイデンティティの形成を考えるうえで，大変重要なヒントとなるといえる。

■ 引用文献

北川歳昭（2011）．発達段階　小野寺孝義・磯崎三喜年・小川俊樹（編）　心理学概論　ナカニシヤ出版　pp.68-69.

二宮克美（編）（2008）．ベーシック心理学　医歯薬出版　p.96.

野呂正（編著）（1983）．幼児心理学　朝倉書店

坂田陽子（2010）．発達段階と発達課題　吉崎一人・松尾貴司・斎藤和志（編著）　心理学概説　ナカニシヤ出版　p.78.

Sameroff, A. J.（1975）．Early influences on development : Fact or fancy? *Merill Palmer Quarterly*, 21, pp.267-294.

■ 参考文献

金敷大之・森田泰介（編著）（2011）．図説教養心理学　ナカニシヤ出版

美濃哲郎・大石史博（編）(2007)．スタディガイド心理学　ナカニシヤ出版
無藤隆・久保ゆかり・遠藤利彦（1995）．現代心理学入門2　発達心理学　岩波書店
西本武彦・大藪泰・福澤一吉・越川房子（編著）(2009)．テキスト現代心理学入門　川島書店
内田伸子（2006）．発達心理学キーワード　有斐閣双書
山内弘継・橋本宰（監修）岡市廣成・鈴木直人（編）(2006)．心理学概論　ナカニシヤ出版
山内光哉（編）(1989・1990)．発達心理学　上・下　ナカニシヤ出版
矢野喜夫・落合正行（1991）．発達心理学への招待　サイエンス社

第8章 社会

ヒトは群れの中で生きる社会的動物である。野生動物が自然環境への適応行動を本能的にとるのと同様に，人間は社会生活への適応を動機づけられている。人々は自分や他者の姿から複雑な社会環境をとらえ，そこに置かれた自己の振る舞いを調整し，相互に影響を与え合いながら周囲との関係を築こうとする。社会とのかかわりを抜きにして人を理解するのは難しい。

1．社会における自己

（1）自己知識

人は，自分自身の特性や能力に関する知識や信念をもっている。たとえば，「社交性がある」とか，「話が苦手」といったものである。これを自己概念とよぶ。自己概念は，単に過去経験の蓄積としてイメージされるだけでなく，自己の意識や行動を方向づける枠組み（自己知識）として機能する。特に，個人にとって重要な側面では自己スキーマが形成され，関連した情報の処理に影響を与える。マーカス（1977）の研究によれば，「独立的（または依存的）な性格」という自己スキーマをもつ人は，それに関連する語（独立または依存に関する形容詞）への反応が速いという（スキーマによる自動的処理）。また，自己スキーマに関連する過去の行動を思い出しやすく，将来も実行する確率が高いと判断する。そして，自己スキーマと矛盾する情報には抵抗を示したという。さらに，他者を認知する際にも自己スキーマが用いられ，社会を理解する枠組みとして機能する。マーカスたちの研究では，「男性的」という自己スキーマをもつ人が，他者の行動を「男性的かどうか」で解釈したことが見出されている。

自己スキーマを中核として，自己知識は多面的な構造をもっており，状況や相手によって活性化する側面（作動自己概念）が変動する。たとえば，職場と家庭で考え方や振る舞いに違いが生じるのは，活性化する作動自己概念が場面によって異なるからである。また，重要な他者（たとえば両親や上司，親友や恋人など）の影響は大きく，それまでの相互作用の枠組みが関係性スキーマを形成して，個人の行動を規定する。たとえば，家族の前では甘えた振る舞いが出たり，厳格な上司の前では考えが固くなったりする。ボルドウィンたち(1990)の実験では，性的な物語を読んだ後に「ローマ法王の不機嫌な顔」がプライミング（→ p.203）されると，宗教的関与の高いカトリック系の女子学生の自己評価が低下したという。重要他者（の象徴）が自己をとらえる枠組みに影響したのである。

（2）自己査定と自己高揚

自己知識は多くの場合，周囲の人々との相互作用を通して形成される。たとえば，「水泳が得意」「独立心が強い」といった自己知識は，何らかの社会的な枠組みで自己を解釈した（された）結果として生じる。同時に，人は自己の社会的な適切さを評価しようとする（自己査定の動機づけ)。多面的な側面で生じる自己評価について，それらを全体として良好にとらえることができれば，自己への肯定的な評価感情として自尊感情が高められる。リアリーたち(1995)のソシオメーター理論によれば，自尊感情は自己の社会的な適切さを知らせる指標になっており，周囲の人々との関係性を監視する心的計器（ソシオメーター）の役割をもつという。

フェスティンガー（1954）の社会的比較理論によれば，人は社会環境へ適応するために自己の妥当性を評価しようとするが，直接的な評価基準がない場合，自己に類似した他者との比較を行うという。自分よりも優れた他者と比較（上方比較）した場合，自己向上の動機づけが喚起されて社会的な適切さを維持できるかもしれない反面，相対的な自己評価が低下して自尊感情を損なうおそれが生じる。逆に，自分よりも劣る他者と比較（下方比較）した場合，適切な自己査定にならないおそれもあるが，相対的な自己評価を高めて自尊感情を維持することができる。人には自尊感情をできるだけ維持・高揚しようとする自己高揚の動機づけがあり，それが脅かされる事態（たとえば失敗したときなど）では特に顕著になる（つまり下方比較が生じやすい）。

テッサー（1988）の自己評価維持モデルによれば，「心理的に近い」身近な他者と比較するとき，その対象となる領域に「自己関与」している程度（中核的か周辺的か，どのくらい重要かなど）によって，2つの異なる過程が導かれる。そして，自己と他者の「遂行」の程度に応じて，自己評価を維持・高揚する動機づけが働くという。自己関与の高い領域では「比較」過程が生じ，身近な他者の遂行が自分よりも優れていると自己評価が脅かされる。そこで，自己関与を弱めたり（対象となる領域への興味や関心，動機づけの低下など），心理的な距離を遠ざけたり（交流の機会を減らす，「私とは違い過ぎる」と見なすなど）して，自己評価の低下を防ごうとする。一方，自己関与の低い領域では「反映」過程が生じ，身近な他者の遂行が優れているとき，心理的に近い（つまり結びつきが強い）自分を他者に同化させれば自己評価を高めることができる（栄光浴）。そこで，さらに心理的な距離を近づけ，その高い遂行をより強調しようとする。たとえば，ワールドカップやオリンピックで母国チームが優れた成果を示したとき，（これまでさほど関心のなかった人が）国旗を掲げ同じユニフォームで応援して「心理的近さ」を強調したり，勝利の価値をことさらに主張するのはこれにあたるだろう。

（3）セルフ・ディスクレパンシー

自己知識には，現在（または過去）の自分の姿（現実自己）だけでなく，どのような自分になりたいか（理想自己），自分はどうあらねばならないか（当為自己または義務自己）といった，今後の自己のあり方（自己指針）が含まれている。ヒギンズ（1987）のセルフ・ディスクレパンシー理論によれば，現実自己が自己指針と一致しない状態（ディスクレパンシー）だと認知されると，自己指針に応じた特定の不快な感情が喚起され，不一致の解消を動機づけるという。現実自己と理想自己の不一致は，肯定的な結果（理想）の未獲得による落胆や失望，欲求不満の感情を喚起する。すると，より良い状態へ接近するために必要な情報への注意が高まり，より積極的な行動が動機づけられる。一方，現実自己と当為自己の不一致は，否定的な結果（義務の未達成）の存在による罪悪感や自己軽蔑の感情を喚起する。そこで，より悪い状態を回避するために必要な情報への注意が高まり，より注意深い行動が動機づけられるという。

どの自己指針との不一致からセルフ・ディスクレパンシーが生じやすいかには個人差があり，また状況によっても異なる。自分の欠点ばかりが目につく傾向は，当為自己との不一致から生じやすいだろうし，愚痴や不満が出やすいのは，理想自己との不一致が影響しているかもしれない。さらに，自己指針や現実自己の認知は自分の視点だけでなく，その個人にとって重要な他者の視点からも形成されており，ディスクレパンシーによって喚起される不快感情の性質もそれぞれ異なる。たとえば，重要他者の視点による理想自己と現実自己の不一致は，期待に応えていないことによる恥ずかしさやみじめさの感情をもたらす。一方，重要他者の視点による当為自己と現実自己の不一致は，果たすべき当然の義務を怠った罰や制裁のおそれによる，動揺や不安の感情を引き起こす。これら重要他者の視点によるディスクレパンシーから喚起された感情は，その期待や要請に自己を一致させようとする動機づけを高め，自己の視点によるディスクレパンシーとは異なる認知や行動（いかにして他者から認められるか，罰から逃れるかなど）を生じさせる。

（4）自己一貫性

セルフ・ディスクレパンシーが，必ずしも自己指針に一致した行動のみを動機づけるとは限らない。自己指針を現実自己と矛盾が生じないように修正して，不一致を解消することもある。人は自己の均衡（自己知識の一貫性）を維持しようとする傾向があり（自己一貫性の動機づけ），重要な信念や態度と実際の行動などに矛盾があると，心理的に不快な緊張状態に陥る。フェスティンガー（1957）の認知的不協和理論によれば，さまざまな認知要素（たとえば自己の信念や行動）の間に矛盾（不協和）があると，それを解消するために，人はさまざまな方略を用いて自己の均衡を回復・維持しようとするという。そして，ある認知要素（たとえば自己の信念）を矛盾が生じないように修正したり，矛盾のない情報（たとえば行動を正当化できる理由づけ）を新たな認知要素として追加したり，矛盾を感じさせる情報に意識を向けない（選択的接触）といった認知的方略を用いて不協和の低減を試みる。たとえば，健康の維持は大切だと思いながら，実際には暴飲食や喫煙をしていたとき，そこに不協和が生じる。そこで，健康維持への関心を弱めたり（認知要素の修正），ストレス解消のためという理由づけをしたり（認知要素の追加），ストレス軽減を訴える話題には関心を向けても不健康の危険性を説く話題には注意を向けないようにする（選択的接触）のがこれにあたる。

ハイダー（1958）のバランス理論では，ある事象や対象（X）に対する自己（P）の態度や信念が，他者（O）との関係における均衡の認知によって影響され，その均衡を維持・回復する動機づけを生じることが示されている。ＰＯＸ相互の関係は，単位（ユニット）または情緒（センチメント）関係における，正（＋）または負（－）の関係として認知される。単位関係とは，相互関係の有無（所属や所有，近接性など）に関する認知であり，また，情緒関係とは，ＰＯ相互の関係や，Ｘに対するＰまたはＯの態度（好悪や賛否，評価など）に関する認知である。ＰＯＸの３者関係（ＰＯ，ＰＸ，ＯＸ）は，相互関係の正負の符号の積が正なら均衡した状態，負ならば不均衡の状態として認知される。たとえば，自分は消費税の導入に反対なのに（ＰＸ：－），親しい友人（ＰＯ：＋）が賛成のとき（ＯＸ：＋），３者関係に認知的な不均衡（３つの符号の積が負）が生じる。このとき，心理的に不快な緊張がもたらされ，３者関係のいずれかの認知（正負の符号）を変化させて，均衡を回復しようとするという。すなわち，自分の態度（ＰＸ関係）を変えたり，相手の態度（ＯＸ関係）を変えようと説得したり，相手との関係（ＰＯ関係）を変容したりする。このように，自己の均衡を維持しようとする動機づけが，自己の態度や信念だけでなく，対人関係の形成や変容にも影響するのである。

（5）自己確証と自己呈示

スワン（1987）の自己確証理論によれば，人は安定した自己を形成・維持するために，既存の自己知識を確証しようとするという。自己知識と一致する事実へ選択的に注意を向けたり，曖昧な事実を偏って解釈するような認知的方略や，自己知識を裏づける行動を積極的に示すといった行動的方略がある。たとえば，「他人に優しい」という自己知識に矛盾する行動（他者を中傷するなど）をとったとき，ことさらに過去の善行を思い出してみたり，ふだんの振る舞いは愛他性に満ちていると拡大解釈したり，奉仕的な姿を積極的に強調する行為などがこれにあたる。また，他者による確証は自己知識を強く補強できるので，他者から自己知識に合致する言動を引き出そうとしたり，それを確証してくれる他者を友人として選択したりするという。

他者に特定の印象を与えようとする行動的方略を自己呈示とよぶ。これは，他者との関係を自分に都合のよい方向へ導こうとする行為であり，能力を高く見せようとする自己宣伝や，自己の道徳的価値を示そうとする示範などの方略がある。自己呈示は自己の特定の側面を選択的に強調する行為であるが，その影響は他者のみでなく自分自身にも及ぶ。タイス（1992）の実験によれば，他者に対して「外向的（または内向的）」な行動を演じた人々は，呈示した方向（外向的または内向的）へ自己評価が変容したり，実際に他者と積極的（または消極的）にかかわろうとする行動を示したという。他者に向けて自己呈示する行動が，同時に作動自己概念へも影響したのである（自己呈示の内在化）。

人間は，周囲の人々とのかかわりを通して，自己のとらえ方や振る舞い方を柔軟に調整している。しかし，そうしている自覚はあまり強くない（つまり一貫性の認識が保たれている）。だが同時に，実際以上に他者から注目されていると感じる傾向（スポットライト効果）も知られている。われわれは常に周囲を意識しながら行動しているといえよう。では，人は自分を取り巻く他者をどのようにとらえているのだろうか。

2. 他者をとらえるまなざし

(1) 対人認知

他者に関する外顕的な情報（外見や言動など）から，その個人の内的属性（能力やパーソナリティなど）や，心的状態（態度や意図，心理過程など）を推論することを対人認知とよぶ。この推論を通して人は周囲の他者を理解し，その行動を予測して，自分の振る舞いを調整しようとする。対人認知の主な特徴として，以下の点があげられる。①他者そのものから直接得られる情報だけでなく，過去の言動や第三者からの伝聞・風評などを含む多様な情報が推論に用いられる。②内的属性との対応が明確でないにもかかわらず（たとえば言葉づかいが丁寧なら必ず穏やかな人とは言い切れないが），外顕的な情報から内潜的な特徴を推論する。③情報の選択や推論の過程に，認知者の心的状態（先入観や動機づけなど）や個人特性（思考の個人差など）が影響する。④認知される他者もまた認知する主体であり，双方の相互作用に媒介される（相手に対する認知に応じて調整された行動を相互に観察し，それがさらなる推論の情報になる）。

(2) 印象形成

対人認知のうち，特にパーソナリティ特性を推論する過程を印象形成とよぶ。社会生活において相手のパーソナリティ情報は有益であり，その関係を調整する手がかりとなるため，他者を理解する枠組みとして重視される。たとえば，友好関係を結ぶとき，パーソナリティに関する情報は，他の情報（能力や経歴など）よりも信頼に値する人物かどうかを判断できる材料となる。

印象形成の過程では，かなり断片的な情報からも全体的な印象が推論され，いったん形成された印象は（根拠とした情報が忘れられても）その後も長く存続する。アッシュ（1946）の実験では，ある特定のパーソナリティ情報（「あたたかい」や「つめたい」）が中心特性となって全体的な印象が統合されたり，初期情報が重視される傾向（初頭効果）が示されている。また，容姿や動作などの特徴が状況の中で目立つ（顕現性が高い）ような場合には，それが過度に重視されて極端な印象が形成されやすい。社会的な評価として望ましくない情報（たとえばウソをつく，攻撃的な言動など）は特に注意を引きやすく，対人関係における有用な情報として重視され（ネガティビティ・バイアス），全体的な印象形成に強く影響する。

人は「暗黙の人格理論」ともよばれるパーソナリティに関する素朴な知識を経験的にもっており，パーソナリティ特性間の関連（共変性）についての信念を推論に適用する。たとえば，「まじめ」な人は「融通が利かない」といったものがこれにあたる。このような先入観や期待は印象形成を方向づけやすい。キャンターとミシェル（1977）の実験では，「外向的な人」に関する典型的なイメージ（素朴な知識として保有されているプロトタイプ（→ p.203））が人物の記憶に影響し，実際には記銘していない（しかしプロトタイプには含まれる）特性の情報が誤って再生されたという。また，事前の予測に合致する方向へ事実を歪めて解釈することもある。ヒギンズたち（1977）の実験では，「勇敢さ」（または「無謀さ」）に関連する語をプライミングしたとき，ある人物の行動文への印象形成が「勇敢」条件では好ましく，「無謀」条件では好ましくない方向に変化したという。プライミングによって，認知的な情報の利用しやすさ（アクセシビリティ）が高まり，印象形成に影響したのである。さらに，ポジティブな気分のときには好意的な印象が，ネガティブな気分では非好意的な印象が形成されやすかったり（気分一致効果），情報をどれほど複雑に（または単純に）とらえるかという個人差（認知的複雑性）の影響もある。

（3）原因帰属

さまざまな現象や行動の原因を推論する過程を原因帰属とよぶ。この過程を通して人は社会現象の意味を理解し，他者との関係を調整しながら社会的な適応を果たそうとする。ケリー（1967）の ANOVA モデルによれば，結果としての事象（観察した他者の行動など）と共変する要因（機会・対象・行為者）を探ることで，その原因が推論されるという。たとえば，Ａさんが（行為者）Ｂさんを（対象）厳しく叱責したとき，Ｂさんだけを（対象の弁別性：高）いつでも（機会の一貫性：高）誰もが（行為者の合意性：高）叱っているのであれば，対象のBさんに責められる原因があると推論される。もしAさんだけが（合意性：低）いつでも（一貫性：高）誰に対しても（弁別性：低）厳しいのであれば，行為者のAさんに原因がある（「仕事に厳しい人だから」など）と見なされる。それがある場面に限定されていた場合には（一貫性:低），状況（機会）に原因がある（緊迫の事態など）と判断される。

だが，ANOVAモデルのように論理的な判断を可能にする情報を豊富に得られないことが現実には多く，一貫性・弁別性・合意性のすべてが常に考慮されるとは限らない。つまり，実際には断片的な情報を用いた不十分な推論が生じる機会の方が多くなる。そのような場合，社会生活を通して学習された因果関係のパターン（因果スキーマ）を用いた推論が生じるという（ケリー，1972)。よく適用されるものとして，割引原理や割増原理が知られている。割引原理とは，ある行動の原因として複数の要因が存在するとき，外的な状況要因（報酬や役割，他者からの圧力など）を重視して，行為者の内的要因（態度や価値観，パーソナリティなど）の影響を低く評価することを指す。たとえば，CさんがDさんに優しく振る舞ったとき，「きっと下心があるから」（そうすると利得が得られる状況だから）と見なせるならば，「Cさんは優しい人だから」という可能性は割り引かれて判断される。一方，割引原理とは，ある行動の原因となる要因があまり見あたらず，その行動を阻害する外的な要因（制約や妨害，損失など）が存在するとき，行為者の内的要因の影響を高く評価することを指す。たとえば，周囲の反対を押し切って実行した人の意志の強さを大きく見積もったり，逆境を乗り越えて成果を上げた人の努力を高く評価するのがこれにあたる。このような推論が妥当な場合も少なからずあるだろう。だが，ある特定の情報を過度に重視したり（割引原理），注目すべき情報がたまたま得られなかったとき（割増原理）にも適用されて，判断の偏りをもたらすおそれもある。

（4）対応推論

他者の行動の原因として，それに対応する内的属性（意図や態度，パーソナリティなど）を推論することを対応推論とよぶ。ジョーンズとデイヴィス（1965）の対応推論理論によれば，行動情報から内的属性を推論する手がかりとして，非共通効果への注目があるという。実行された行為のみがもたらした（他の行為には伴わない非共通の）結果に注目して，その行動に対応した内的属性を推論するのである。たとえば，Ｅさんが数学と化学の教員免許を取得できるＦ大学と，数学の免許のみを取得できるＧ大学の入学試験に合格して，Ｆ大学に進学を決めたとする。このとき，Ｅさんは（非共通の結果である）化学に特別な関心があるのだろうと推測される。Ｅさんの選択に望ましくない要素（Ｆ大学は遠隔地にあるなど）が含まれていたり，外的な圧力（周囲からの期待など）が特にないのであれば，その確信はさらに強くなる。だが，もし明白な外的要因（選択の利点や他者からの要望，現実的な制約など）があれば内的属性の推論は割り引かれるし，非共通効果が見あたらなければ（Ｆ大学とＧ大学に明確な違いがないなど）対応推論はできなくなる。

対応推論理論では，行為者がその意思で行動することを前提にした推論を扱っており，外的な要因が存在する場合は，内的属性を推論できないはずである。だが実際には，外的な状況が十分に考慮されないことも少なくない。人間の行動は状況からさまざまな制約を受けるものであり，その影響を考慮しないで内的属性を対応推論すると判断を誤りかねないのだが，しばしば人はそうした傾向を示すことが知られている。これを対応バイアス（または基本的帰属エラー）とよぶ。ロスたち（1977）の実験では，クイズの出題者の知的水準を推測するように求められたとき，クイズの問題は出題者が作成したにもかかわらず（出題者は答えを知っているが，他者にはあまり答えられないような問題が選ばれた），クイズの回答者は出題者の知的能力を高く見積もり，さらに観察者（観客役の被験者）は特にその傾向が強かったという。出題者に有利な状況だったことが考慮されずに内的属性が推論されたのである。

対応バイアスに関連する原因帰属のエラーとして，行為者−観察者バイアスが知られている。これは，自己の行動ならば状況要因に原因帰属しやすい場合でも，他者の行動では内的属性に原因帰属しがちな傾向を指す。行為者は状況がどのくらい自分の行動に影響したかを把握しやすいのに対して，観察者は他者の行動における状況要因の影響をとらえにくいのである。この傾向は，失敗事態の原因帰属でより顕著になる。一方，自分の成功事態では，努力の大きさや能力の高さと成果との対応を結びつけやすい（自己高揚の動機づけも影響する）ため，内的属性に原因帰属しがちになる（セルフ・サービング・バイアス）。ただし，他者の成功事態では，努力や能力の影響は観察者にはとらえにくいため，状況要因に原因帰属されやすい。

ギルバートたち（1988）は，対応バイアスが自動的処理（→ p.203）と統制的処理（→ p.203）の段階的な過程によるものとして，対応推論の３段階モデルを示している。それによると，他者の行動を観察したとき，それがどのようなタイプの行動なのかを「同定」し（第１段階），対応する内的属性が「推論」される（第２段階）。たとえば，無言で黙々と仕事をするＨさんの姿を見て「怒っている」と判断し，対応する内的属性として「怒りっぽい人」と推論する。この２つの段階は自動的処理の過程である。次に，外的な状況要因の有無などが検討され，その影響があったと見なされる場合は対応推論を割り引き，判断の「修正」が行われる（第３段階）。Ｈさんが「怒りっぽい」のではなく，「腹を立てて当然の状況だったから」といったように修正されるのである。この段階は統制的処理の過程であり，その実行には認知的な資源（→ p.204）（意識的な努力やその余裕など）が必要になる。つまり，認知資源に余裕がない場合には（他の作業や考えごとに注意が向いているときなど），状況要因が十分に考慮されず，過剰な対応推論すなわち対応バイアスが生じやすくなるのである。そもそも状況要因の制約には注意が向きにくく，その影響は過小評価されやすい傾向がある。ただし，状況の圧力があると見なされた場合は，その効果が過大評価されることもある。

（５）カテゴリー化

対人認知の過程では，さまざまな個別の情報をボトムアップ（→ p.204）的に積み上げて総合的に相手を理解するばかりでなく，その他者が属する社会的カテゴリー（たとえば職業，性別，世代，出身地，人種など）に関する情報を，トップダウン（→ p.204）的にあてはめて即座に相手を判断する場合もある。この２

種類の推論は状況や相手に応じて使い分けられるが，その過程を包括的に説明する理論として二重処理モデルや連続体モデルがある。

ブルーワー（1988）の二重処理モデルによれば，まず人は他者の社会的カテゴリーを自動的に同定・処理し，その個人を詳細に理解する目的や必要がある場合にのみ，統制的な処理の段階に進むという。統制的な処理にも2つの異なる過程があり，もし相手が自分にとって特別な（自己関与が高い）対象ならば「個人依存型処理」がなされ，個別の特徴に焦点をあてたボトムアップ的な推論が行われる。一方，自己関与が低い相手には「カテゴリー依存型処理」がなされ，その人物が属する社会的カテゴリーの典型例またはやや特殊な例のいずれかとして判断される。この場合，そのカテゴリーに関する知識をもとにトップダウン的な推論が行われる。

フィスクたち（1990）の連続体モデルによれば，まず相手の社会的カテゴリーが自動的に同定され，その人への関心や自分との関連性がある場合などにのみ，個別の特徴に注意が向けられるという。次に，同定された社会的カテゴリーの典型的特徴との一致が検討され（確証的カテゴリー化），合致しない場合はさらに下位カテゴリーや別のカテゴリーと照合される（再カテゴリー化）。たとえば，「女性」カテゴリーに該当するIさんが「女性らしさ」の典型情報に合致しないとき，「エリート女性」「女性パイロット」などの下位カテゴリーや「パイロット」「エリート」などの別カテゴリーにおける典型情報との一致が検討される（個人は多くの社会的カテゴリーに属しており，さまざまな照合が可能である）。だが，それでもうまく適合しない場合には個別の詳細な情報が吟味され，ボトムアップ的な推論が行われる（ピースミール統合）。さらに理解が必要な場合は，再度これらの過程が繰り返される。その結果，カテゴリーに依存した印象とピースミールに依存した印象の連続体上に，人物像が位置づけられるという。また，ピースミール統合は，認知的な労力（→ p.204）を伴う統制的な処理であるのに対して，カテゴリー化は，認知資源をあまり必要としない自動的な処理である。相手をより正確に知りたいという動機づけや，詳細な情報処理の余裕がなければ，カテゴリー化による推論が優勢になりやすい。その内容は，社会的カテゴリーに関する知識や信念に依存する。

（6）ステレオタイプ

ある特定の社会的カテゴリーに属する人の特徴について，経験的かつ社会的に共有された知識や信念のうち，過度に固定化・一般化されたものをステレオタイプとよぶ。たとえば「J国の人はわがままだ」「教師は信用ならない」といったものであり，根拠のない誤解や歪んだ認識を伴うことも少なくない。しかし，相手の個別の特徴を吟味することなく，定型的な判断を即座にもたらす利便性があるため，状況によっては（たとえば通りすがりの売店で店員の個別性を推論する必要はあまりない）有用かつ適応的な判断の枠組みにもなる。

ステレオタイプはカテゴリー化を通して形成され，同じカテゴリーに属する人々の同質性（同化）やカテゴリー間の相違性（対比）が強調されやすい。タジフェルたち（1979）の社会的アイデンティティ理論によれば，人は社会的カテゴリーへの所属性を社会的アイデンティティとして自己スキーマに含有している。そして，自分の属するカテゴリー（内集団）には好意的な評価や態度，行動をとる傾向（内集団バイアス）があるという（ブルーワー，1979）。すると相対的に，自分が属しないカテゴリー（外集団）を非好意的に評価したり，否定的な態度や行動をとることになる。また，内集団を独自性のある人々の集合と評価するのに対して，外集団を同質性が高い人々（「彼らはみな同じ」など）と見なす傾向（外集団均質化）もある。その結果，外集団には固定化したステレオタイプが適用されやすい。さらに，状況の中で目立つ事象を誤って関連づけること（錯誤相関）によって，排他的に扱われている社会的カテゴリー（すなわち外集団）に否定的な特性を結びつける傾向（たとえば「障害児は問題行動を起こす」「外国人に犯罪者が多い」など）も生じる。このように，外集団に関する否定的なステレオタイプは強固になりやすく，偏見や差別が助長されることになる。

ステレオタイプは認知者自身が意識できない自動的な処理によって生起するため，内容が修正される機会に乏しく，適用を抑制するにも意識的な努力（統制的な処理）が必要となる（デヴァイン，1989）。社会経験を通して自然に（無意識的に）学習されているので，その存在自体に自分でも気がつきにくい（潜在ステレオタイプ)。また，ステレオタイプに合致しない事例に遭遇しても，容易に例外として処理されてしまうため（サブタイプ化），既存のステレオタイプは維持されやすく，変容しにくい。ステレオタイプにおけるカテゴリー化は認知的な経済性が高く（つまり手軽で便利であり），対人認知における有用な社会的手段として多くの機会に適用されている。だが，かえって社会的な相互関係を悪化させることも少なくない。多様化した世界への適応を考えるとき，まずわれわれのこうした他者へのとらえ方を振り返ってみることが大切だろう。

コラム

集団の影響

集団的状況では，他者の行動が個人の行動に影響する場面がよく見られる。たとえば，他者に見られていたり一緒に活動するとき，1人のときよりも遂行が優れることがある（社会的促進）。逆に，かえって遂行が劣ることもある（社会的抑制）。これらの事態では，ふだんの優勢な反応が表れやすいため，よく慣れた容易な課題では促進が，不慣れで難しい課題では抑制が生じる（ザイアンス，1965）。本番でうまく成果を出せないような場合，ふだんからよく練習しておく（優勢な反応を形成する）ことが解決策の1つとなる。

集団の成果が問われるとき，集団サイズが大きいほど個人の遂行が低下することがある（社会的手抜き）。これは責任の分散が一因となる（ラタネ，1981）。その予防や改善のためには，個人の貢献に注目して評価を与え，課題の重要性や魅力を高め，さらに連携しやすいように活動を調整することが不可欠である。逆に，他者の手抜きを補うように特定の個人が遂行を増加させることもある（社会的補償）。個人的な重要性が高く，他者を信用できないときに生じやすい。1人で仕事を抱えがちな場合など，他者への信頼や分業を確立する（部下や同僚を信じて任せる）ことが解決の糸口となる。

集団では，しばしば他の人々と同じ言動をとること（同調行動）がある。これは，誤った振る舞いで恥をかきたくない（情報的影響），自分だけ逸脱して孤立したくない（規範的影響）といった動機づけから生じる（ドイッチとジェラード，1955）。また，暗黙の行動基準（どのように振る舞うべきか）を人びとが共有すると，それが集団規範となって斉一性の圧力（逸脱回避の強制力）を生じる。凝集性の高い集団（まとまりのよい組織や仲よしグループなど）ほど，その影響が大きい。そうなると議論しても反論が相互に抑制されて，歪んだ結論が導かれやすくなる（集団思考：ジャニス，1982）。専門性や地位による権威が盲目的な服従をもたらす場合もある（ミルグラム，1974）。

ただし，多数派に異を唱える者が１人でもいれば，その圧力は激減する（アッシュ，1955）。また，公正な立場から論理的な主張を根気強く（頑固でなく説得的に）一貫して訴える少数者の存在は，人々に熟慮と再考をもたらし，多数派に変革をもたらす可能性がある（少数者影響：モスコヴィッチ，1976）。

■ 引用文献

Asch, S. E.（1946）. Forming Impressions of Personality. *Journal of Abnormal and Social Psychology*, 41, pp.258-290.

Asch,S. E.（1955）. Opinions and social pressure. *Scientific American*, 193, 31-35.

Baldwin, M. W., Carrell, S. E., & Lopez, D. F.（1990）. Priming relationship schemas : My advisor and the Pope are watching me from the back of my mind. *Journal of Experimental Social Psychology*, 26, pp.435-454.

Brewer, M. B.（1979）. In-group bias in the minimal intergroup situation : A cognitive-motivational analysis. *Psychological Bulletin*, 86, pp.307-324.

Brewer, M. B.（1988）. A dual process model of impression formation. In T. K. Srull, & R. S. Wyer（Eds.）, *Advances in social cognition*, 1, Lawrence Erlbaum, pp.1-36.

Cantor, N., & Mischel, W.（1977）. Traits as prototypes : Effects on recognition memory. *Journal of Personality and Social Psychology,* 35, pp.38-48.

Deutsch,M., & Gerard, H.B.（1955）. A study of normative and informational social influences upon individual judgment. *Journal of Abnormal and Social Psychology*, 51, 629-636.

Devine, P. G.（1989）. Stereotypes and prejudice : Their automatic and controlled components. *Journal of Personality and Social Psychology*, 56, pp.5-18.

Festinger, L.（1954）. A theory of social comparison processes. *Human Relations*, 7, pp.117-140.

Festinger, L.（1957）. *A theory of Cognitive Dissonance*. Stanford University Press.（末永俊郎（監訳）（1965）. 認知的不協和の理論　社会心理学序説　誠信書房）

Fiske, S. T.（1998）. Stereotyping, prejudice, and discrimination. In D.T.Gilbert, S.T.Fiske, &

G.Lindzey（Eds.），*Handbook of Social Psychology*, 2, McGraw-Hill, pp.357-411.

Fiske, S. T., & Neuberg, S. L.（1990）. A continuum of impression formation, from category-based to individuating processes : Influences of information and motivation on attention and interpretation. In M. P. 14）Zanna（Ed.），*Advances in Experimental Social Psychology*, 23, Academic Press, pp.1-74.

Gilbert, D.T., Pelham, B. W., & Krull, D. S.（1988）. On cognitive busyness : When person perceivers meet persons perceived. *Journal of Personality and Social Psychology,* 54, pp.733-740.

Heider, F.（1958）. *The psychology of interpersonal relations*. Wiley.（大橋正夫（訳）（1978）. 対人関係の心理学　誠信書房）

Higgins, E. T., Rholes, W. S., & Jones, C. R.（1977）. Category accessibility and impression formation. Journal of Experimental Social Psychology, 13, pp.141-154.

Higgins, E. T.（1987）. Self-discrepancy : A theory relating self and affect. *Psychological Review*, 94, pp.319-340.

Janis,I. L.（1982）. *Groupthink*. Houghton-Mifflin.

Jones, E.E., & Davis, K. E.（1965）. From acts to dispositions : The attribution process in person perception. In L.Berkowitz（Ed.），*Advances in Experimental Social Psychology*, 2, Academis Press, pp.220-266.

Kelley, H. H.（1967）. Attribution theory in social psychology. In D. Levine（Ed.），*Nebraska Symposium on Motivation*, 15, University of Nebraska Press, pp.192-238.

Kelley, H. H.（1972）. Causal schemata and the attribution process. In E. E. Jones, D. E. Kanouse, H. H. Kelley, R. E. Nisbett, S. Valins, & B. Weiner（Eds.）, Attribution : Perceiving the causes of behavior, General Learning Press, pp.151-174.

Latané, B.（1981）. The psychology of social impact. *American Psychologist*, 36, 343-356.

Leary, M. R., Tambor, E. S., Terdal, S. K., & Downs, D. L.（1995）. Self-esteem as an interpersonal monitor : The sociometer hypothesis. *Journal of Personality and Social Psychology*, 68, pp.518-530.

Markus, H.（1977）. Self-shemata and processing information about the self. *Journal of Personality and Social Psychology*, 35, pp.63-78.

Milgram,S.（1974）. *Obedience to authority: An experimental view.* Harper & Row.

Moscovici,S.（1976）. *Social influence and Social Change*. Academic Press.

Ross, L. D., Amabile, T. M., & Steinmetz, J. L.（1977）. Social roles, social control, and biases in social-perception processes. *Journal of Personality and Social Psychology*, 35, pp.485-494.

Swann, W. B., Jr.（1987）. Identity negotiation : Where two roads meet. *Journal of Personality and Social Psychology,* 53, pp.1038-1051.

Tajfel, H., & Turner, J. C.（1979）. An integrative theory of intergroup conflict. In W. G. Austin, & S. Worchel（Eds.）, *The social psychology of intergroup relations*, Brooks/Cole, p.33-47.

Tice, D. M.（1992）. Self-concept change and self-presentation : The looking glass self is also a magnifying glass. *Journal of Personality and Social Psychology*, 63, pp.435-451.

Tesser, A.（1988）. Toward a self-evaluation maintenance model of social behavior. In L. Berkowitz（Ed.）, *Advances in Experimental Social Psychology*, 21, Academic Press, pp.181-227.

Zajonc,R.B.（1965）. Socical facilitation. *Science*, 149, 269-274.

■ 参考文献

安藤香織・杉浦淳吉（編著）(2012). 暮らしの中の社会心理学　ナカニシヤ出版

安藤清志（編）(2009). シリーズ 21 世紀の社会心理学 13　自己と対人関係の社会心理学　「わたし」を巡るこころと行動　北大路書房

池田謙一・唐沢穣・工藤恵理子・村本由紀子 (2010). New Liberal Arts Selection　社会心理学　有斐閣

池上知子・遠藤由美 (2008). グラフィック社会心理学　第 2 版　サイエンス社

亀田達也・村田光二 (2010). 複雑さに挑む社会心理学　改訂版　適応エージェントとしての人間　有斐閣

中里至正・松井洋・中村真（編著）(2014). 新・社会心理学の基礎と展開　八千代出版

谷口淳一・相馬敏彦・金政祐司・西村太志（編著）(2017). エピソードでわかる社会心理学　北樹出版

外山みどり (2015). 社会心理学　過去から未来へ　北大路書房

山本眞理子・外山みどり・池上知子・遠藤由美・北村英哉・宮本聡介・小森公明（編）(2001). 社会的認知ハンドブック　北大路書房

湯川進太郎・吉田富士雄（編）(2012). スタンダード社会心理学　サイエンス社

第9章
臨床

1．臨床心理学とは

アメリカ精神医学会では，臨床心理学を「科学，理論，実践を通して，人間行動の適応調整や人格的成長を促進し，さらには不適応，障害，苦悩の成り立ちを研究し，問題を予測し，そして問題を軽減，解消することを目指す学問である」と定義づけている。現代の心理学は，すべての人間に共通する心のメカニズムを説明する理論の構築を行う基礎心理学と，人間社会における現実的な目標の達成や具体的な対象の特徴を明らかにする応用心理学に大別されている（下村，2009）が，アメリカ心理学会の定義からは，臨床心理学は後者に属することが見てとれる。

昨今では，不登校やひきこもり，いじめなどの学校不適応，幼児虐待やDV（ドメスティック・バイオレンス）などの家庭の問題，うつ病や統合失調症などの精神障害に関する報道がテレビや新聞をにぎわせており，それだけ臨床心理学への関心・ニーズが高まっていることをうかがい知ることができる。臨床心理学は，そうした不適応や障害，苦悩に苦しむ人たちを救うための学問領域である。日本臨床心理士資格認定協会によれば，そうした問題に取り組む臨床心理士の主な業務は，臨床心理面接・アセスメント・研究・臨床心理地域援助であり，「4つの柱」とよばれている（http://www.fjcbcp.or.jp/gyomu.html)。心理的苦悩を抱える人が，その苦悩の程度を減らし，所属する社会・環境と調和することで現実生活を主体的に送れるようにするためには，問題の把握やその人自身の傾向をアセスメントすること，それに基づいて適切な心理面接を行うこと，その人が住む地域をより住みよいものにしていくこと，そしてそれらのための研究など，さまざまなアプローチが求められる。つまり，これらは別個に存在しているのではなく，相互に密接に関連し合い，機能しているのである。

本章では，臨床心理学的援助の対象となる背景や人々，それらへのアセスメントや援助の具体的方法について見ていくこととする。

2．臨床心理学の対象・異常心理

臨床心理学では，しばしば異常心理がその対象となる。それでは正常とは何か，また，どういう状態を指して「異常」というのか。われわれは自らの価値観に照らし合わせて正常と異常を判断しているが，それらは育ってきた環境や受けてきた教育に大きく左右されている。たとえば，呪術や交霊術について考えてみよう。われわれ日本人にとっては，そうしたものになじみがないため違和感を覚えることになるが，それらが文化の中核として行われている社会では正常なものであり，行われない社会が異常ということになる。そのように考えると，正常と異常は，白か黒かの問題ではなく程度の問題といえそうである。

それでは，どの程度までを正常とし，どの程度から異常と見なすのか。たとえば，清潔好きの人がいたとする。一般に，不潔よりは清潔を保った方が望ましく，適度な清潔さや几帳面さはその人の長所の一つになりうる。しかしながら，１日に何度も入浴しないと落ち着かない，１回の入浴に何時間もかかってしまう，汚れを気にするあまり，一度洗ったところでもまた洗い直さなければ気が済まない，という状況はどのようにとらえることができるだろうか。

そうした区別や線引きの問題について，一般的な状態から離れていたとしても，それで本人や周囲の人たちが困っておらず，日常生活を送るのに支障がないのであれば，それは「個性」の範疇（はんちゅう）であり，本人や周囲が困っているのであれば「異常」ととらえてよいのではないかと考えられる。

3．精神障害による異常

精神障害は，主要な原因が何かによって内因性精神障害，外因性精神障害，心因性精神障害の３つに分類される。

（1）内因性精神病

内因性精神障害は，個人の訴因や脳の機能的な書具合など，その原因がその人の「内側」で起こっているとされるものであり，気分障害や統合失調症などが含まれる（中山，2010)。

a．気分障害

気分障害は，感情が正常に機能しなくなった状態であると考えることができる。気分がよかったり落ち込んだりすることは誰しも経験することであるが，気分障害においては，日常生活に支障をきたすほどに，気分の落ち込みや高揚の程度が著しく，睡眠障害，身体症状を伴うこともある。

気分の落ち込みをうつ状態，高揚を躁状態とよぶが，うつ状態では気分が沈み，動作が緩慢になり，自殺念慮や自責的行動などが見られる。躁状態では対照的に，高揚や解放感，興奮しやすさなどが特徴的であり，活動性が増し，落ち着きがない状態になり，多弁・多動が出現する場合もある（中山，2010)。気分障害は，うつ状態が主の「大うつ病」と，うつと躁が交互にあらわれる「双極性障害」に分類される。

b．統合失調症

統合失調症は，幻覚・妄想，解体した会話などの「陽性症状」と感情の平板化，意欲の低下，閉じこもりなどの「陰性症状」を主症状とする精神障害である。そわそわして落ち着かない，感覚が過敏になる，などの前駆症状を経て陽性症状があらわれ，やがて精神的なエネルギーを使い果たしてしまうことで陰性症状へとシフトしていくという経過をたどる（松沢，2009a)。

統合失調症には，妄想型，破瓜型，緊張型の３つのタイプがある。妄想型は20代後半以降に発症し，幻覚や妄想を主な症状とする反面，行動や会話の解体や感情の平板化は少なく，予後が良好なタイプである。破瓜型は思春期に緩やかに発症し，解体した会話や行動，感情の乏しさなどを主な症状とするもので，予後が悪く社会生活の維持が難しいとされるタイプである。緊張型は20代歳前後に突然発症し，極度の興奮・多動と昏迷を繰り返すもので，予後は比較的よいものの再発も多いとされるタイプである（松沢，2009b）。

（2）心因性精神障害

精神障害が環境的・心理的な要因で起こる精神障害を心因性精神障害とよぶ（中山，2010）。

a．不安障害

不安障害は，不安感が中核症状である心理障害を指す。DSM − Ⅳ − TRでは，以下のような分類になっている（榎本，2009）。

①パニック障害……パニック障害は，動悸，窒息感，死への恐怖感など複数の反応が突然生じる，いわゆるパニック発作を主症状とする心理障害である。

②全般性不安障害……全般性不安障害は，日常生活のさまざまな出来事に対する理由の定まらない不安や心配が，日常生活に支障をきたすレベルであらわれる心理障害である。その不安は自分でコントロールすることが困難であり，長期間持続する。

③恐怖症性不安障害……恐怖症性不安障害は，通常は恐れる必要のない対象，状況，場面に対して，尋常でない恐怖感を抱き，それらを回避しようとする心理障害である。先端，高所などの「特定の恐怖症」，「広場恐怖」，対人恐怖や視線恐怖を含む「社会恐怖」などがある。

④強迫性障害……強迫性障害は，ある思考やイメージが繰り返しあらわれ（強迫観念），それを打ち消すために何らかの行為を繰り返し行う（強迫行為）ことを特徴とする心理障害である。強迫観念も脅迫行為も，不合理なことであると認識できていても，自分の意志でコントロールすることは困難である。

⑤心的外傷後ストレス障害……他人からの攻撃，事件や天災などの外的要因によって身体的精神的ショックを受け，そのショックが長い間心の傷になることを指す。症状としては，強い恐怖感，感覚の麻痺，悪夢やフラッシュバック

による外傷体験の再体験，睡眠障害など多彩である。

b．身体表現性障害

身体表現性障害とは，身体にかかわる苦痛を訴えるものの，身体的な不具合が見られず，身体疾患としては説明がつかない心理障害の総称である。背景には何らかの不安があると考えられている。

c．解離性障害

その人の記憶，思考，感情，行動といった体験のまとまりが失われる状態を指す。突然日常から逃げ出して放浪し，それ以前の記憶を失っている解離性遁走，一人の人の中に複数の人格が存在する解離性同一性障害などがあげられる。

（3）外因性精神障害

障害の原因が身体に起因するものを外因性精神障害という。認知症や脳腫瘍などが原因となり精神症状が引き起こされる器質性精神障害と，アルコールや薬物への依存や離脱症状によって精神症状が引き起こされる中毒性精神障害に分類される（中山，2010）。

4．臨床心理アセスメント

前記の疾患は，不登校やいじめなど，２次的・３次的な問題を引き起こしかねない。そこで，その人の問題をきちんと見極めて，適切に援助していくことが必要になってくるが，臨床心理学の領域では行動観察，面接と並んで，心理検査法が用いられる。

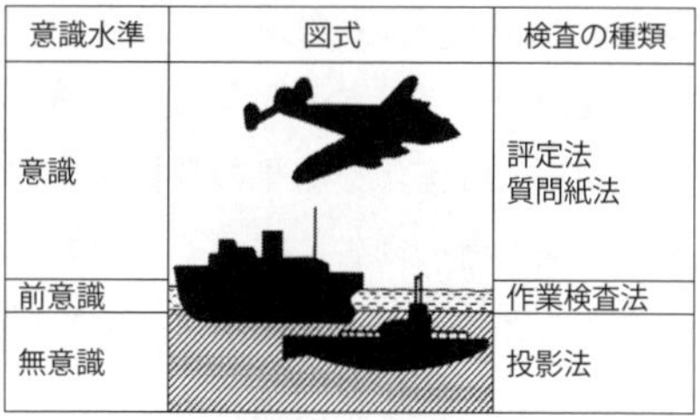

意識水準	図式	検査の種類
意識		評定法 質問紙法
前意識		作業検査法
無意識		投影法

図９－１　シュナイドマンの図式
（高橋，2011より）

性格の検査は大きく質問紙法，作業検査法，投影法に分けられる（図９－１）。

（1）質問紙法

質問紙法は，被検査者にそれぞれの特性についての質問項目を提示し，三件法（「はい」「いいえ」「どちらでもない」），五件法（「非常にあてはまる」「あてはまる」「どちらでもない」「あてはまらない」「非常にあてはまらない」）などで答えてもらい，その回答を統計的に処理することで性格を把握していこうというものである（石丸，2009）。

種類は多様であり，ミネソタ多面人格目録（MMPI），矢田部－ギルフォード性格検査（Y－G性格検査）など多くのものがあるが，代表的なものとして，ここではエゴグラムを例にあげて説明する。エゴグラムでは，CP，NP，A，FC，ACの５つの特性について，それぞれ10個ずつの質問項目が用意されている。それらの質問について被検査者に三件法で回答を求め，「はい」は２点，「いいえ」は０点，「どちらでもない」は１点として，特性ごとの合計点を出す。それぞれの特性は20点が最高値であり，20点に近いほどその特性が強いことを示す。

エゴグラムでは，それぞれの特性のうち，どの得点が高くてどの得点が低いかの組み合わせで性格を把握していく。たとえば，NPの得点が高くてAの得点が低い人は，思いやりが強くて共感的だが，現実検討力が低くてアバウトな傾向をもっていると推測することができる。また，図９－２からは，それぞれの特性が弱すぎても強すぎても不適切な側面が出やすいことがわかる。

質問紙法は実施や結果の数量化も容易であり，結果の処理も客観的である反面，被検査者の内省に基づく自己評定であるため，作為的に結果が歪められてしまうことがある，質問項目の解釈の仕方に個人差がある，知的障害をもつ人や年少者にとって質問項目が難解すぎて解答できないことがある，などの問題点もある。

（2）作業検査法

作業検査法は，対象者に一定の作業を一定の条件のもとで課し，その作業の実施態度や遂行結果から，対象者の性格を把握していく方法である。代表的な

		CP	NP	A	FC	AC
得点が高い場合	アドバイス	完璧主義をやめ，相手の良いところや考えを認める余裕をもつ。仕事や生活を楽しむようにする。	自分と相手の関係をできるだけクールにとらえ，おせっかいや過干渉にならないようにする。	何事も打算的に考えず，自分の感情や相手の気持ちなどにも目を向ける。	その時の気分や感情で行動せず，後先を考えるようにする。ひと呼吸おいて行動するとよい。	感じたことをためらわず表現する。自分に自信のあることから実行してみる。
	マイナス面	・タテマエにこだわる。 ・中途半端を許さない。 ・批判的である。 ・自分の価値観を絶対と思う。	・過度に保護，干渉する。 ・相手の自主性を損なう。 ・相手を甘やかす。	・機械的である。 ・打算的である。 ・冷徹である。	・自己中心的である。 ・動物的である。 ・感情的である。 ・言いたい放題である。	・遠慮がちである。 ・依存心が強い。 ・我慢してしまう。 ・おどおどしている。 ・うらみがましい。
	プラス面	・理想を追求する。 ・良心に従う。 ・ルールを守る。 ・スジを通す。 ・義務感，責任感が強い努力家。	・相手に共感，同情する。 ・世話好き。 ・相手を受け入れる。 ・奉仕精神が豊か。 ・弱い者をかばう。	・理性的である。 ・合理的を尊ぶ。 ・沈着冷静である。 ・事実に従う。 ・客観的に判断する。	・天真らんまんである。 ・好奇心が強い。 ・直感力がある。 ・活発である。 ・創造性に富む。	・協調性に富む。 ・妥協性が強い。 ・イイ子である。 ・従順である。 ・慎重である。
平均		CP	NP	A	FC	AC
得点が低い場合	プラス面	・おっとりしている。 ・融通性がある。 ・ワクにとらわれない。 ・柔軟さがある。 ・のんびりしている。	・さっぱりしている。 ・淡白である。 ・周囲に干渉しない。	・人間味がある。 ・お人好し。 ・純朴である。	・おとなしい。 ・感情に溺れない。	・自分のペースを守る。 ・自主性に富む。 ・積極的である。
	マイナス面	・いいかげんである。 ・けじめに欠ける。 ・批判力に欠ける。 ・規律を守らない。	・相手に共感，同情しない。 ・人のことに気を配らない。 ・温かみがない。	・現実無視。 ・計画性がない。 ・考えがまとまらない。 ・論理性に欠ける。 ・判断力に欠ける。	・おもしろ味がない。 ・暗い印象を与える。 ・無表情。 ・喜怒哀楽を素直に出さない。	・相手のいうことを聞かない。 ・一方的である。 ・近寄り難い印象を与える。
	アドバイス	自分自身に義務を課し，責任を持って行動するようにする。物事のけじめを大切にする。批判力を育てる。	できるだけ相手に思いやりを持つように努力する。家族や友人にサービスをする。ペットの世話をする。	情報を集め，様々な角度から物事を考える。うまくいかなくても自分で答えを出してから人に相談するようにする。	気持ちが内にこもらないようにできるだけ陽気に振る舞って気持ちを引き立てる。スポーツ，旅行，食べ歩きもいい。	相手の立場になって考えたり，相手の意見を聞く。相手をたて，尊敬する。他者優先の態度を身につける。

図9－2　エゴグラム5特性のあらわれ方（東京大学医学部心療内科，1995より）

ものに，内田・クレペリン精神作業検査法がある。これは，ドイツの精神医学者クレペリンが行った作業課題の実験をもとに，日本の内田勇三郎が発展させた検査法である（渡部，2010）。

内田・クレペリン作業検査法の検査用紙には，１行に３～９までの数字が121個並んで記入され，それが上下２段に17行ずつ印刷されている。被検査者には，５分間の休憩を挟んで15分ずつ，隣同士の１桁ずつ加算し，その１の位を数字の間に記入していく作業が課せられる。判定は，各行の最終回答の数字を結んだ作業曲線と，特定の行の計算の誤り，休憩前・休憩後の作業量に基づいて行われる。作業曲線は，①初頭努力の有無，②休憩効果の有無，③興奮のあらわれ方，④動揺が多いかまたは激しいか，⑤誤りが多いか，などの点に基づき，定型・準定型・準々定型・疑問型・異常型の５段階に分けられる（辰野，2014）。

定型的な反応では，初頭努力のため１行目の成績は良好であるが，２行目から徐々に成績が低下し，その後再び集中のため徐々に作業量の増加が見られる。これに対し，非定型な反応は，誤りが多い，２行目以降のいずれかの曲線の成績が突出している，休憩後の作業量が少ない，作業の変動が過度に大きい・もしくは変動量が小さく平坦である，全体的に作業量が少ない，などの特徴があげられる（渡部，2010）。

（3）投影法

被検査者に曖昧な刺激を提示し，それに対する反応の仕方を分析することで性格を把握していこうとする立場に立つ心理検査を総称して，投影法という（松沢，2009b）。質問紙法が意識的な側面を主に測定するのに対して，投影法は無意識の側面を主に測定する（図９－１参照）。投影法の種類も多様で，バウム・テスト，風景構成法，ロールシャッハ・テスト，TAT，文章完成法などさまざまなものがある。ここでは，最も代表的な投影法検査のロールシャッハ・テストについて述べる。

ロールシャッハ・テストは，まず被検査者に10枚の左右対称のインクのしみ（インクブロット）を見せ，それが何に見えるのかを問う。その後もう一巡図版を見せ，被験者から与えられた反応に対して，それらの「どこが」「どのような理由で」そのように見えたのかを問う。反応の分析･解釈にあたっては，①反応数，②反応拒否の有無，③反応に要した時間，④反応領域，⑤反応の種類の幅（興味関心の幅を見る），⑥決定要因，⑦形態水準，⑧その反応は多くの人に共通して見られるかめったに見られないものか，などがその着目点になる（森田，1995）。

投影法は被検査者に自分の反応のもつ意味を気づかれにくいので，反応を意図的に歪められる可能性は少なく，その人本来の姿をとらえることができる。反面，判定の基準があいまいであり，解釈が判定者の主観に依ってしまう，などの問題点もある。そこで，より多面的にその人の特徴をとらえるために，たとえば質問紙法で表面にあらわれる性格を把握し，投影法でより内面の無意識を測定するというように，特徴の異なるいくつかの検査を組み合わせて実施するという手法がとられる。これをテスト・バッテリーという。

5．臨床心理面接

心理アセスメントで得られた所見をもとにして，臨床心理面接を行い，クライエントの心理治療を行っていく。ここでは，代表的な臨床心理面接の技法として，精神分析，クライエント中心療法，行動療法について述べる。

（1）精神分析

精神分析を考えたフロイトは，気づきたくないことを無意識に抑え込んでしまうことで，うつや強迫などの症状があらわれ，こころと体のバランスが崩れてしまうことがあると考えた（平井，2004）。フロイトは，エリザベートという症例でこの現象を説明している。エリザベートは，下肢の痛みを訴えてフロイトの治療を受けていたが，治療の途中である考えが浮かぶと，自由連想が途切れてしまうことがあった。治療がある程度進んだ段階で，彼女が姉を亡くしたとき，「これで義兄と結婚できる」と思ったことがわかった。その考えは，彼女にとってあまりに非道徳的であったため，その考えが浮かんだときに義兄との結婚願望は無意識に追いやられてしまっており，出口を失った願望が「下肢の痛み」という身体症状に転換されたのではないかと，フロイトは考えた。

このように，人は無意識を意識化しないようにする働きを持っており，これを「防衛機制」という。特に，エリザベートの症例に見られるような，観念を無理やり無意識に押し込めてしまうような防衛機制を，「抑圧」という。

精神分析での治療は，患者にこころに思いついたものを自由に話すように課すことであり，これを「自由連想法」という。介入（→ p.204）や解釈（→ p.204）を極力控え，患者が治療者に受け入れられ，守られながら主体的に語ることで癒される体験をする。また，無意識にある隠された思いや願望に自ら気づき，そのことで本来表出する必要のなかった症状を消失させていくことを目指していく。

（2）クライエント中心療法

クライエント中心療法は，ロジャーズによって考え出されたカウンセリングの一技法である。それ以前のカウンセリングはカウンセラーが問題を発見し，方針を決定し，助言や指示を与えるという形で，カウンセラー主導で行われていくものであったが，ロジャーズのカウンセリングは「非指示的カウンセリング」とよばれ，その対をなしている。

後にロジャーズは，クライエントを自己実現に向かう存在としてとらえ，その主体性を尊重するという意味で，自らのカウンセリングについて「クライエント中心療法」という名称を用いるようになった。そして，クライエントを望ましい変化に導くカウンセラーの基本的態度として，以下の３つをあげている(藤原，2009)。

a．自己一致

カウンセラーがその場での自分の態度・感情に気がついていること，自分をごまかさず，ありのままの自分を認め，自分の感情とその表現・行動が一致していることを指す。

b．無条件の肯定的関心

カウンセラーは，クライエントがどのような人であっても（苦手な人であっても），どのようなこと（たとえばカウンセラーへの暴言など）を言ったとしても，ありのままにクライエントの言動や気持ちを受け止めなければならない。具体的には，クライエントが「そのようにしないではいられなかった」背景に，どのようなものがあるのかを斟酌（しんしゃく）していくということである。

c．共感的理解

その場でクライエントが感じているさまざまな事柄，思いや感情を，カウンセラーも同じように感じるという状態である。

これら3つはいずれも大切であるが，クライエントの受容・共感と自分の思いと行動が一致している自己一致の状態はときに矛盾し，クライエントの話を聞きながら腹を立ててしまうこともある。そのようなときに，腹を立てていないふりをし，表面的に受容・共感しているように振る舞うことは自己一致ではない。逆にクライエントに思ったままを伝えることで，受容と共感が成り立たなくなってしまう。そうした場合は，まず自分の感情を自覚したうえで，「なぜいらだったり腹を立てたりしてしまうのか」を考えることや，スーパービジョン（第三者の指導）が有効になることもある。

（3）行動療法

行動療法は，ウォルピ，スキナー，アイゼンクらによって体系化された心理的問題に対する介入法であり，「行動を変えることで考え方や感じ方を変えられる」と考える立場である。行動とは，人が主体的に行うものだけでなく，人と環境との相互作用の中で生じる反応すべてを指す。そのため，思考や感情など，外からは観察されないものも，環境との相互作用の中で生じるものであれば，行動としてとらえられる。ここでは，レスポンデント条件づけ，オペラント条件づけ，モデリングについて取り上げる（杉山，2010）。

a．レスポンデント条件づけ

レスポンデント条件づけは，犬に餌を与える前にベルを鳴らすこと（条件刺激）を繰り返しているうちに，餌が目の前になくてもベルが鳴っただけでその犬が唾液を分泌するようになった（条件反応）ことを，旧ソ連の生理学者パブロフが見出したのが最初である。この古典的条件づけの考え方を適用すると，人の行動も，後天的に学習することで変容が可能であると考えることができる。たとえば，苦手な人でも，その人に接し続けていくことで慣れて平気になり，「意外と自然に接することができるのか」ということを学習した読者も多いのではないだろうか。

こうした古典的条件づけを応用した行動療法の技法として，系統的脱感作法（→ p.204）やエクスポージャー法（→ p.204）などがある。

b．オペラント条件づけ

オペラント条件づけは，ネズミがあるレバーを偶然押すと餌が与えられることを繰り返すうちに，レバー押しを自発するようになったことを，スキナーが見出したのが最初である。このとき，行動の自発頻度が増えることを強化，減少することを罰といい，行動の出現を弱める刺激を強化子，弱める刺激を罰という。賞賛や報酬が与えられればそれが強化子となって行動が強められ，逆に叱責や何らかの罰が嫌悪刺激となって行動が弱められる。苦手なことをがんばってやり通し，それを褒められてさらにがんばる気になった記憶，逆にがんばったことを叱責されてやる気を失ってしまった記憶をもっている人もいるだろう。オペラント条件づけではこのように，人間の行動も外（環境）からの刺激によって変えていくことができると考える。

こうしたオペラント条件づけ理論に基づく行動療法の技法として，応用行動分析，シェイピング法などがある。

c．モデリング

人間は，直接の経験や強化がなくても，他者の行動を観察・模倣することによって学習が成立する。子どもが親の行動を模倣して言葉や食事・衣服の着脱などの生活習慣を身につける，われわれがテレビや映画の登場人物の影響を受ける，など，日常生活におけるわれわれの行動の多くは観察と模倣によって成立している。モデリングはそれを応用した方法であり，モデルの望ましい行動を直接，あるいは映像で見せ，クライエントがそれを模倣することで適応行動を習得する方法である（春日，2010）。

こうしたモデリングの理論に基づく行動療法の技法として，ロールプレイ（→ p.204）などがある。

6．臨床心理地域援助

（1）臨床心理地域援助とは何か

今日，社会的要請が高まってきている「臨床心理士」の専門的業務の中に，「臨床心理地域援助」が位置づけられている。ここでは臨床心理学地域援助とは何かについて述べる。

なお，本書以外の専門書等では「臨床心理的地域援助」と「的」が付いた表記をしている場合と，本書のように「臨床心理地域援助」と「的」を削除した表記と両方がみられる。そこで，平成26年6月，筆者が「臨床心理士」の資格認定を実施している公益財団法人日本臨床心理士資格認定協会（以下，認定協会と記す）に問い合わせたところ，資格認定が実施された当初は，「臨床心理的地域援助」と「的」を付けていたが，最近ではこの専門業務の領域も確立されてきたので「的」を削除し「臨床心理地域援助」と呼ぶようになったとのことであった。

臨床心理地域援助の理論・技法の礎となっているものは，コミュニティ心理学的な視点である。コミュニティ心理学は，その根底を地域精神保健活動としており，精神保健相談や心理相談が中心であるため，臨床心理学とのかかわりが深いといえる。また，個人の問題を中心に，それを取り巻く環境，社会とのネットワークづくりの必要性を論じている。その基本的技法として，危機介入，コンサルテーション，社会的支援とその組織づくり，環境研究が挙げられ，幅広いことが特徴である。

臨床心理地域援助の分野は，スクールカウンセラーの派遣などに伴って活性化された。こうした時代背景の中で，山本（2001）はコミュニティ心理学の立場から「臨床心理的地域援助とは地域社会で生活を営んでいる人々の，心の問題の発生予防，心の支援，社会的能力の向上，その人々が生活している心理・社会的環境の整備，心に関する情報の提供を行う臨床心理学的行為を指してる」と定義している。これは画期的なことであり，山本によって初めて「臨床心理地域援助」についての概念が明確化されたといえる。

なお，地域援助とはいえ，あくまでもクライエントを中心としたアプローチであるから，臨床心理査定法（心理テストなど），臨床心理面接法（カウンセリング，心理療法など）といった個人へのアプローチに精通していることが要求される。また一方では，地域援助実践活動を展開していくうえで，臨床心理士といった専門家のみではなく，クライエントを取り巻く地域社会の人々（人的資源），すなわちボランティアとして参加する人々との協力・連携，またその位置づけや役割も重要となってくる。ボランティアの意義と役割について問うことも有意義なことで，このアプローチの独自性ともいえる。こうした観点，筆者は，「臨床心理地域援助とは臨床心理査定技法，臨床心理面接技法を包含しつつ，非専門家との協力，連携を図りながらクライエントの取り巻く家族，集団，組織，地域社会といった環境に働きかけて，クライエントの心の問題解決や成長・発展を促すことを目的としたものである」と考える。

（2）臨床心理地域援助における臨床心理士

a．個人心理臨床と臨床心理地域援助

山本（2001）によると伝統的個人心理臨床は相談室，病院，施設内などの限られた枠において，治療的な意味合いが強いといえる。また，専門家は相談室においてクライエントを待っているという構えで，特定のサービスメニュー，いわばマニュアル化されたサービスを提供し，専門家中心のサービスが展開されている。

一方，臨床心理地域援助は，地域社会の中で対象者を生活者としてとらえユーザーのニーズに合わせた多様なサービスを創造していく必要がある。専門家は地域社会へ出かけていき，生活者と身近に接する中で援助を推進していくのである。また，専門家は生活者の周囲にいる人々，すなわちボランティアの協力が不可欠で，こうしたことは従来の心理臨床にない大きな特徴といえる。

b．臨床心理地域援助における臨床心理士の役割

山本（1986）は「人に環境の適合を高くするための実践的働きかけと，そのための研究をコミュニティ心理学者はすすめなくてはならない」と述べ，コミュニティ心理学者の５つの役割をあげている。これは臨床心理地域援助を実践す

る臨床心理士にも適応できると考えられるのでここに紹介する。

①変革の促進者としての役割……従来から臨床心理士が実施している個人心理療法や集団心理療法などの技法も含まれる。また，教育現場や職場環境などの変革，地域社会の制度の変革者としての役割などがある。

②コンサルタントとしての役割……地域社会や医療，教育，福祉，産業などの各現場で活動している人々と専門的知識と技法をもって協力していくのがコンサルタントとしての役割である。たとえば，福祉現場において，介護福祉士（コンサルティ）が認知症高齢者の対応について困っていて，その対応の方法について老人心理学の立場から臨床心理士（コンサルタント）がその専門的立場で援助していくことである。

③評価者としての役割……従来の臨床心理士は個人の心理診断と心理療法，また家族内力働の診断と家族療法といった治療的プログラムを提供してきた。さらに発展させてクライエントの社会との適合性や環境の影響などを考慮した予防的プログラム，成長・発展プログラムを提供する必要がある。こうした予防的プログラム，成長・発展プログラムがクライエントのニーズに適合しているかどうかを判定する評価者としての役割も重要である。

④システム・オルガナイザーとしての役割……筆者は障害児とその親の自助グループを専門家の立場から援助したことがある。中心となってリーダーシップをとる親がいて，筆者はそれを背後から応援したのである。これがシステム・オルガナイザーで，いわば黒子的な役割であるといえる。このように既存の公的サービスにはない，クライエントのニーズに合わせた援助を創造し，構築していくことがシステム・オルガナイザーの役割といえる。

⑤参加的理論構成者としての役割……研究室にこもって理論の構築やモデル検証のための研究をするのではなく，研究室から出て地域に出かけていき，現在地域社会において問題となっていることに手を染め実践的に取り組み，その実践の結果から理論としてまとめあげていく実践的研究者の役割がこれにあたる。

（3）臨床心理地域援助の方法

臨床心理地域援助を実践するうえで，臨床心理士が熟知しておく必要のある方法の代表的なものは危機介入，コンサルテーション，そして社会的援助組織づくりの方法等である。

a．危機介入

危機とは英訳するとクライシス（crisis）である。クライシスは辞書によると「危機」の他に「重大局面」「分れ目」「峠」「危期」などの意味がある。まさに出来事がよい方向にも悪い方向にも行く分岐点となり得るタイミングといえる。

キャプラン（1967）は危機状態について次のように定義してる。

「危機状態とは，人生上の重要目標が達成されるのを妨げられる事態に直面したとき，習慣的な課題解決法をまず始めに用いてその事態を解決しようとするが，それでも克服できない結果発生する状態である。危機状態になると混乱と動揺の時期がしばらく続き，その間，打開するためのさまざまの試みがなされる。しかし，結果的にある順応が，その人自身やまわりの人にとって最もよい結果をもたらすか，またそうでないかもしれない結果で形成される」。

人は経験したことのない事態に直面すると，まずこれまでの習慣によって問題解決を図ろうと努力する。努力しても解決できない場合には，より以上に葛藤が増大し，自分自身を見失ってしまい，ひどい場合には不適応行動を引き起こす結果となる。しかし一方では対極性も考えられ，それを打開し乗り越えることができたならば，その人自身の自己成長や自己変革の可能性をも秘めているのである。私たちは一般的にいって「危機」というと否定的サイドを想定してしまいがちであるが，物事には二面性があり肯定的サイドも想定できることを知っておく必要がある。

われわれは通常，危機状態に陥り，これまでのやり方でその解決を図ろうとしてもうまくいかない場合には人に援助を求めることが多々ある。つまり，これまでとは異なる方法が必要であろう。カウンセラーの側からいうと，そのときこそがクライエントへの介入の絶好の機会といえよう。カウンセラーはそのタイミングを逃してはならない。もし逃してしまったのであれば，それはクライエントの自己成長の機会を失うことにもなりかねない。そういう意味において危機介入法は相当の臨床経験が必要となるであろう。

b．コンサルテーション

キャプラン（1963, 1964, 1970）はコンサルテーションの方法を確立させた。彼はコンサルテーションの定義について次のようにのべている。

「コンサルテーションは，二人の専門家；一方をコンサルタント（consultant），他方をコンサルティ（consultee）と呼ぶ，の間の相互作用の一つの過程である。そして，コンサルタントがコンサルティに対してコンサルティのかかえているクライエントの精神衛生に関係した特定の問題をコンサルティの仕事の中でより効果的に解決できるよう援助する関係をいう」。

たとえば，養護施設において児童指導員がある被虐待児に関して，その子をどのように理解し，どのような援助をしてよいか困っているときに，臨床心理士が心理的な角度からその援助方法などについて助言をし，児童指導員が被虐待児に対してよりよい援助ができるようにする関係をいう。この場合は臨床心理士がコンサルタントであり，児童指導員はコンサルティという関係となる。前者は臨床心理の専門家で，後者が児童福祉の専門家である。両者は他領域の専門家で対等な関係で，コンサルタントは外部の人間であることが必要である。コンサルタントとコンサルティが組織の上下関係であったり，利害関係にあればコンサルティはコンサルタントに本音をいえない可能性があり，もしそうだとするとコンサルテーションは成り立たない。なお，コンサルタントはコンサルティに招かれた関係であることが望ましい。

また，コンサルテーションではコンサルティの責任においてコンサルティのかかえているクライエントにかかわることが前提となる。なお，コンサルテーションはカウンセリングとは異なり，相手はクライエントではなく，専門性を持ったコンサルティである。コンサルテーションの関係はあくまでもコンサルティのかかえているクライエントに焦点を当て客観的に理解することが大切で，コンサルティの個人的問題を中心にあつかう必要はなく，あくまでもコンサルティの専門性を尊重すべきである。

なお，スーパーヴィジョンの関係とは同領域の２人の専門家の関係である。１人はこの道の熟練者で，もう１人は経験の浅い者といえる。前者をスーパーヴァイザー，後者をスーパーヴァイジーとよんでいる。

c．社会的援助組織づくりの方法

この方法は行政などの既存の制度では受けられないようなサービスについて，援助を求めているクライエントと共に地域社会で生活しているキーパーソンがその組織作りを展開し，新しいサービスを開拓していくものである。この方法はまだまだ未開発で，その方法論は体系づけられておらず，明確化されているとはいえない。

また，この方法は臨床心理士も相談室から地域に飛び出して，地域の人々と共に援助を必要としているクライエントのために専門性を提供する役割があるが，あまり表に出ないでキーパーソンをサポートする黒子的役割に徹することが必要である。これはあくまでも主役は地域にいる人々で，臨床心理士は脇役だからである。

なお，臨床心理地域援助を展開していくうえで，非専門家との連携は重要である。地域社会のキーパーソンのみではなく，それを支える人的資源（ボランティアの人々）の協力は不可欠である。地域社会の中で生活しているクライエントにとって，専門家とのかかわりよりも，むしろ地域の中で身近に生活している非専門家の方がコミュニケーションが取りやすい場合がある。

従来の臨床心理士は他職種の専門家（医師，医療ソーシャルワーカーなど）との連携は考えているが，非専門家との連携は念頭に置いておいているとは言い難く，これは臨床心理地域援助の独自性といえる。

筆者は相談機関と教育機関を共に含み，その中に学生や社会人有志といったボランティアとの連携と協力によって，障害児（者）やこころの問題を抱えた人々とその家族に対する援助を目的とした民間の社会援助機関の組織づくり，また障害児とその家族の自助グループのサポートをした経験がある。いずれの取り組みもボランティアがいかにクライエントとかかわるかによって，その後のクライエントの成長に大きく影響することを痛感しており，臨床心理士はボランティアをいかにコーディネートし動かしていくのか，またどのように教育・

訓練していくのかということにも携わっていく必要があると考える。

コラム

心理テストと性格

誰もが自分の性格について何らかの興味を持っており，そのため性格を把握するための心理テストは，われわれにとってなじみ深いものになっている。われわれは，先に紹介した心理検査法だけでなく，テレビや雑誌，インターネットなどで心理テストを目にし，体験することがある。それらの心理テストの結果には何となく説得力があり，あたっていると思わされることが多いため，結果を目にして一喜一憂することになる。

心理テストは，その人がもともともっている特性をあぶり出すものである。言いかえれば，われわれがあたりまえに持ち合わせている特性しか結果に出てこない。それらの特性のうち，傾向が強いものほど心理テストに強くあらわれやすい。そして心理テストにあらわれてきた傾向の自覚が強ければ強いほど，「あたっている！」と思わされることになる。そうであるなら，心理テストについて「あたっている」という印象を抱く人が多いのも当然のことである。心理テストの説得力とは，そういったことと無関係ではないように思う。

心理テストの結果を見た後のわれわれの行動はどうだろうか。結果を見て納得し，そのまま忘れ去ってしまう人も多いのではないだろうか。それではもったいない。結果についてよくその意味を考え，自己理解や自身の将来に活かしていくことが，心理テストの意義であるといえよう。

■ 引用文献

Caplan, G.（1963）. Types of mental health consultation. *American Journal of Orthopsychiatry*, 33, p.470-481.

Caplan, G.（1964）. *Principles of preventive psychiatry.* New York : Basic Books. （新福尚武（監訳）河村高信ら（訳）（1970）. 予防精神医学　朝倉書店）

Caplan, G.（1970）. *The theory and practice of mental health consultation.* New York : Basic Books.

榎本眞理子（2009）．不安障害　下山晴彦（編）よくわかる臨床心理学　改訂新版　ミネルヴァ書房　pp.78-81.
藤原祥子（2009）．クライエント中心療法　下山晴彦（編）よくわかる臨床心理学　改訂新版　ミネルヴァ書房　pp.142-145.
林潤一郎（2009）．行動療法　下山晴彦（編）よくわかる臨床心理学　改訂新版　ミネルヴァ書房　pp.154-157.
平井孝男（2004）．心気症　氏原寛・小川捷之・東山紘久・村瀬孝雄・山中康裕（編）心理臨床大事典　改訂版　培風館　pp.793-794.
石丸径一郎（2010）．検査法（1）質問紙法　下山晴彦（編）よくわかる臨床心理学　改訂新版　ミネルヴァ書房　pp.50-51.
春日作太郎（2010）．行動療法　池田勝昭・目黒達哉（編）　こころのケア　臨床心理学的アプローチ　学術図書出版社　pp.99-106.
松沢広和（2009a）．統合失調症　下山晴彦（編）よくわかる臨床心理学　改訂新版　ミネルヴァ書房　pp.94-95.
松沢広和（2009b）．検査法（2）投影法　下山晴彦（編）よくわかる臨床心理学　改訂新版　ミネルヴァ書房　pp.52-53.
森田美弥子（1995）．ロールシャッハ法（2）―記号分類とその意味　池田豊應（編）臨床投影法入門　ナカニシヤ出版　pp.31-71.
太田宣子（1995）．TAT　池田豊應（編）臨床投影法入門　ナカニシヤ出版　pp.72-89.
下山晴彦（2009）．臨床心理学の全体構造　下山晴彦（編）よくわかる臨床心理学　改訂新版　ミネルヴァ書房　pp.2-5.
杉山尚子（2010）．行動する人間の心理　長田久雄（編）看護学生のための心理学　医学書院　pp.210-265.
高橋依子（2011）．描画テスト　北大路書房
瀧本孝雄（1990）．性格の特性論　詫摩武俊・瀧本孝雄・鈴木乙史・松井豊　性格心理学への招待　サイエンス社　pp.64-79.
辰野千寿（2014）．系統看護学講座基礎心理学　第5版　医学書院　pp.147-148.
田中志帆（2009）．精神分析　下山晴彦（編）よくわかる臨床心理学　改訂新版　ミネルヴァ書房　pp.146-149.
東京大学医学部心療内科（編著）（1995）．エゴグラム・パターン　金子書房
中山真一（2010）．精神障害者の心理　池田勝昭・目黒達哉（編）こころのケア　臨床心理学的アプローチ　学術図書出版社　pp.246-255.
渡部諭（2010）．作業検査法　池田勝昭・目黒達哉（編）こころのケア　臨床心理学的アプローチ　学術図書出版社　pp.82-87.
山本和郎（1986）．コミュニティ心理学　東京大学出版会
山本和郎（2001）．コミュニティ心理学の臨床分野への貢献　そしてさらなる展開へ　コミュニティ心理学研究　第5巻第1号　pp.39-48.

■ 参考文献

安藤延男（編）（1989）．現代のエスプリ　コミュニティの再生　No.269　至文堂

Bloom, B. L.（1973）． The domain of community psychology. *American Journal of Community Pschology*, 1（1）， pp.8-11.

Caplan, G.（1961）． *An approach to community mental health*. New York : Grune & Stratton,.（加藤正明（監修）山本和郎（訳）（1968）．地域精神衛生の理論と実際　医学書院）

日本コミュニティ心理学会（編）（2007）．コミュニティ心理学ハンドブック　東京大学出版会

財団法人日本臨床心理士資格認定協会（監修）（2009）．新・臨床心理士になるために　平成 21 年版　誠信書房

山本和郎・原裕視・箕口雅博・久田満（編著）（1996）．臨床・コミュニティ心理学　臨床心理学的地域援助の基礎知識　ミネルヴァ書房

第10章 カウンセリング

1．カウンセリングとは何か

近年マスコミ等で「カウンセリング」という用語は，「美容カウンセリング」「～カウンセリング」など，さまざまな用いられ方をしている。しかし，本来「カウンセリング」は心理学領域の専門用語である。

現在，カウンセリングによる専門的援助は，医療，教育，福祉，産業，司法など幅広い分野においてなされている。日本の場合，カウンセラー（→ p.204）の資格として協会や学会等が認定しているものに，公益財団法人日本臨床心理士資格認定協会の認定臨床心理士，日本カウンセリング学会の認定カウンセラーがある。また，2017年9月公認心理師法が施行され待望の国家資格が誕生し，2018年4月から大学・大学院でその養成が始まる。

日本で「カウンセリング」というと，通常，ロジャーズの影響を受けているといっても過言ではないであろう。ロジャーズは，当初，自分の面接のあり方を「非指示的療法」と提唱した。次にロジャーズは，「クライエント中心療法（→ p.205）という名称に変更した。ロジャーズは，カウンセリングのあり方をカウンセラー主導ではなく，クライエント（→ p.205）を中心に据え，あくまでも主体はクライエントであると考えた。1950年代以降，ロジャーズのクライエント中心療法は，日本におけるカウンセリングの発展に大きな影響を与えたのである。そして，最後にロジャーズは，医療，福祉，教育などさまざまな領域にも援助の領域を拡げたので，パーソンセンタード・アプローチと名称を変更した（ロジャーズ，1961；河﨑，2016）。

日本カウンセリング学会は，カウンセリングについて次のように定義している。

「カウンセリングは，カウンセリング心理学等を基盤とする専門的援助活動である。この専門的活動の実践者をカウンセラー，被援助者をクライエントとよぶ。カウンセリングの基底には，カウンセラーとクライエントの間の援助を促進する人間関係がある。カウンセリングはクライエントが，人間的に成長し，社会の中で自立した人として充実した人生を歩むことを援助する（目的）。カウンセリングは，人間が本来持つ，自己理解，自己洞察，意思決定，自己調整力，環境への対処能力などの諸能力を向上させ，発達的，成長的課題の予防，解決に役立つ（援助内容）。また，調和のとれた人間関係，集団，組織，社会の維持・創出を可能にする（社会環境の整備）」（日本カウンセリング学会，2003）。

このように，日本カウンセリング学会のカウンセリングの定義からもわかるように，カウンセリングは，心理学の学問領域に位置づけられていることが理解できよう。したがって，世間一般で使われている「○○カウンセリング」として用いられているカウンセリングと区別する必要があろう。

2．カウンセリングの目的

カウンセリングはどのような目的で活用されるのかを考えてみたい。筆者は，大別して，次のような4つの場合があると考えている。

①問題解決の援助
②人格形成の援助
③物の見方・考え方の変容の援助
④自己理解の援助

では，この4つの項目についてそれぞれ解説を加えることにする。

（1）問題解決のための援助

「カウンセリング」という用語を聞いた際に，誰しもが最もイメージしやすい項目ではないかと考えられる。「カウンセリング」と聞くと，多くの人は「何か悩みがある」「こころの問題を抱えている」「人間関係に悩んでいる」などをもつ人のために適用されると思うであろう。まったくそのとおりである。通常，カウンセリングはこれらの問題を解決するために用いられるのである。

（2）自己成長のための援助

「カウンセリング」は，何も問題をもつ人々のためだけに用いられるものではなく，一般の精神的な健康な人々のためにも用いられる。一般の健康な人々が自己成長を遂げていく過程においても有効な手段として用いられる。もちろん，問題をもつ人々が，カウンセリングを通じて，自分自身の問題と向き合い，その中で自己成長を遂げていくこともあり得る。

（3）ものの見方・考え方の変容のための援助

人間は，1つの見方・考え方に執着していると，周囲が見えなくなり息詰まってしまうことがある。そのようなときに，カウンセラーとのコミュニケーションを通じて，クライエント自身に気づきが生じ，これまでとは違った見方・考え方ができるようになり，周囲がよく見えてきて，生き方が楽になったりする。

たとえば，不登校の子どもをもつ母親がいてカウンセリングを受けにきたとする。初期の頃，母親は自分の子どもが学校に行かないことに否定的であったり，将来を悲観したりする。しかし，カウンセリングが進む中で，母親に気づきが生じ，不登校も子どもの生き方の表現方法かもしれないと感じたときに，母親も楽になる。これが子どもにもよい影響を与え，子どもも気持ちが楽になるのだ。

（4）自己理解の援助〈自分自身を見る・知る〉

人間は人生の中で，時折自分自身が不幸に思えたり，自分は価値のない人間だと思えたり，自分は本当に何がしたいのだろうと思えたり，自分は一体何をしているのだろうと自分自身がわからなくなったりする。筆者は，カウンセラーの仕事にしていると，年に１回あるかないかであるが，このようなクライエントに出会う。クライエントはこう言う。「特にこれといって悩みはないのですが，自分自身が漠然としていて，これでよいのだろうか」。このような場合でも，クライエント自身にその気があれば，カウンセリングは十分適用できる。

以上のように４つの項目について解説を加えてきたが，よく見てみると，カウンセリングの目的は，クライエントにとって１つだけの目的ではなく，それぞれの項目が相互に関連し合っているといえる。

3．カウンセリングにおける カウンセラーとクライエントの関係性

ここでは，カウンセリングの基本的な性格として，カウンセリング場面におけるカウンセラーとクライエントの関係性について考えてみたい。筆者は，次の４つの関係性を考えている。

①対面的関係……力動的相互作用
②援助的関係……主体は本人（クライエント）であること
③許容的関係
④言語的関係

では，これらの４項目について解説を加えることにする。

（１）対面的関係：力動的相互作用

カウンセリングは，カウンセラーとクライエントが向き合った態勢で行われる。クライエントは，カウンセラーの元にカウンセリングを受けにくる。当然，クライエントはカウンセラーの影響を受けるわけであるが，実はカウンセラーもクライエントの影響を受け，クライエントから学ぶことがある。つまり，カ

ウンセラーとクライエントは相互に影響を及ぼし合って，お互いに成長していく要素があるといえる。これを力動的相互作用という。

（2）援助的関係：主体は本人（クライエント）であること

カウンセリング場面において，クライエントは自分自身の悩みを打ち明け，相談するのであるが，答えを出すのはあくまでもクライエントであって，カウンセラーではない。主体はカウンセラーではなくクライエント自身なのである。これをカウンセリング・マインドという。

カウンセリング場面におけるカウンセリング・マインドについて，もう少し具体的に述べると以下の３点になると筆者は考えている。

①クライエントを尊重すること
②クライエントに考えさせること
③クライエントに決定させること

上述の①～③のクライエントの部分を，児童，生徒，保護者に置き換えてみると，教育現場でのカウンセリング・マインドといえよう。また，患者に置き換えてみると，医療現場におけるカウンセリング・マインドともいうことができよう。

（3）許容的関係

クライエントは，カウンセラーにどんなことを話してもよいのである。自由である。ときにクライエントは，誰にも言えないような秘密を話すこともある。それもカウンセラーは受容する。実は秘密がクライエントのこころの問題の背景にあることもある。つまり，クライエントはカウンセラーにどんなことを話しても許されるのである。

とはいうものの，約束した時間を守ることは重要なルールである。また，極端な例ではあるがカウンセラーに危害を加えたり，カウンセリング・ルームの物を壊したりといったことは許されない。

（4）言語的関係

カウンセリングは，カウンセラーとクライエントとの間で言語を介して行われる。カウンセリングは，言語的コミュニケーションが中心である。しかし，その周辺にあるクライエントの表情，態度，身振り，手振りといった非言語的コミュニケーションも大切にしている。

幼児から小学校低学年においては，言語的コミュニケーションといっても困難な場合が多く，そのような場合には遊戯療法が有効である。遊戯療法とは，遊戯療法室で行われる。室内に備えられている玩具等を用いての遊びを通じて，本児の内面に抑圧されている感情を表出させる技法である。

4．こころの問題の発生過程

ここでは，こころの問題がどうして生じるのかについて，その発生過程について考えてみたいと思う。

私たち一人ひとりには，「こうしたい」「ああなりたい」といった個人的な欲求がある。この個人的な欲求は個人の具体的な目標となる。個人は目標を達成しようとし，目標に向かって努力する。

私たちは，目標に向かって努力する過程で，戸惑い，悩み，葛藤する。これを何とか乗り越えることができると，目標に到達することができる。私たちは最初に描いた目標に到達することができると，達成感や満足感を得ることができる。すると，この感覚は自分自身の自信となり，次の目標へとステップアップしていくことが可能になる。この繰り返しによって，個人は成長・発展していくのである。

ところが，個人は目標に向かって努力する過程で，戸惑い，悩み，葛藤を乗り越えことができない場合もある。このような場合は，イライラしたり，クヨクヨしたりといった否定的な感情が湧き上がってきてフラストレーション（欲求不満）が溜り，この感情を身近な人々に向ける。また，気分が沈みがちになったり，気力が湧いてこなかったりなど，うつ状態となることもある。さらにひどくなると自分自身を見失ってしまうこともある。

重要なことは，こうした不適応状態の早期発見，早期処理，早期治療である。自分自身の不適応状態に気づいたならば，よき相談相手に相談すること，あるいは専門機関を受診することである。

5．カウンセリングの深化

カウンセラーは絶えずクライエントのもつこころの問題がどこから来ているのか，どこに原因があるのか，その背景を意識することが必要である。そのためには，まずカウンセラーにとって，傾聴の態度が最も重要であると考える。

カウンセラーは，ただひたすらクライエントの話に耳を傾け聴くことである。このようなカウンセラーの態度が繰り返されていくと，クライエントは自分をよく理解してくれる人だとカウンセラーのことを認知し，クライエントはカウンセラーとの関係性において安堵感や安心感を体験する。すると，そこには信頼関係が生じるのである。カウンセラーとクライエントの間に信頼関係が生まれると，クライエントはカウンセラーに本当のことを話すようになる。クライエントによっては，本当のことを話す際に，感情に触れ，涙を流す人もいる。筆者は，これを「情緒に触れる」といっている。いささか文学的な表現になるが「琴線に触れる」ともいう。これは比較的穏やかな感情で，感情の深化（カタルシス）を期待できる。つまり，クライエントは非常に素直な自分を体験する。すると，これまでのクライエント自身を振り返り，内省や洞察（→ p.205）（感情の経過）を促すことができる。そこには，クライエント自身の気づきが生じ，前向きな，前進的なエネルギーへと昇華していくのである。

筆者は，カウンセリングの醍醐味はここにあると感じている。

6．カウンセラーの人間観と態度

カウンセラーの最も重要な役割は何か。それはクライエントの話に耳を傾けて徹底して聴くということである。つまり，傾聴するということがカウンセラーにとって最も重要な役割だと考えられる。カウンセラーは傾聴の態度でクライエントと向き合うことが必要である。

カウンセラーはクライエントが悩みを語るのを待つ，そして聴く姿勢が大切である。カウンセラーが喋り過ぎてはいけない。

カウンセラーは，人間観と態度をもってクライエントの悩みを傾聴することが大切である。人間観と態度は，カウンセラー自身が多くのクライエントと向き合う中で身につけていくものであろうが，ここでは，カウンセリングの大家であるロジャーズの人間観について考えてみることにする。ロジャーズは人間観について次のように述べている。

「人間は誰でも向上し，発展し，適応へとコントロールしていく素晴らしい資質をもっている」(ロジャーズ，1961)。

「また，人間は感情に支配されていて，想像を絶するような行動をする時がある」(ロジャーズ，1961)。

このように，ロジャーズは，人間の光と影の両面に焦点を当てていることが読み取れる。

人間は成長･発展していく存在である一方で法律を犯したり，自殺をしたり，戦争をしたりといったどうしようもない部分もあるのだ。

また，ロジャーズは，人間を善と悪を併せ持つ全体としてとらえようとしていることがうかがわれる。すなわち，カウンセラーは，人間をトータルに見通す力を失ってはならないのである。また，カウンセラーはクライエントを善悪の判断から見てはならないのであって，クライエントの背景を中立な視点で見る必要があろう。

さらに，ロジャーズは，カウンセラーの必要かつ十分条件について述べている。これはカウンセラーの態度要件，カウンセラーの基本的態度ともいわれていて，次の3要件があげられる。

①自己一致
②無条件の肯定的配慮
③共感的理解

これらの３つの態度要件について，解説を加えると次のようになる。

（1）自己一致

簡単に述べると，カウンセラーは自分自身に素直である，ありのままでいるということである。クライエントはカウンセラーが自らありのままを出していることを感じると，クライエントもあるがままの自分を出す傾向が生じるのである。

（2）無条件の肯定的配慮

カウンセラーは無条件にクライエントを受け容れる，受容的態度でいるということである。クライエントがどういう状態にあろうと，カウンセラーが肯定的で，受容的な態度でいれば，クライエントに変化が生じやすいのである。

（3）共感的な理解

これは，カウンセラーがクライエントの経験している感情を正確に感じ取り理解し，この理解したことをクライエントに伝えるということである。

カウンセラーとクライエントは違う人間である。詳細まで共感することは困難であろう。しかし，カウンセラーはクライエントとは違う人間だとわかったうえで，それでもクライエントのことをわかりたいという気持ちが大切であり，そこから共感が生じるのである。

ところで，私たちは自分の姿を見ることはできない。私たちは自分の姿を鏡に映し出し，それを見ることによって自分の姿を確認する。私たちは必ずといってよいほど，外出する際に鏡に自分の姿を映し出し，自分を確認する。

しかし，私たちは自分の気持ちを確認することができない。私たちは自分自身がどういう気持ちでいるのか，何を感じているのかわからなくなることがある。カウンセリングの場面では，カウンセラーが「いかにクライエントのこころの鏡になり得るか」ということが課題となる。すなわち，カウンセラーはクライエントの表明した気持ちを受容し，反射することが大切である。それによって，クライエントがどういう気持ちでいるのかがわかり，クライエントの内面で気づきが生じることもある。

たとえば，クライエントのAさんは，不登校の子どもをもつ母親である。Aさんは，カウンセラーに「子どもが学校に行かなくてつらいです。子どもの将来を思うとこの先どうなってしまうか心配です」という気持ちを表明したとする。カウンセラーは，Aさんの気持ちを受容し，「Aさん，子どもさんが学校に行かなくてつらいですね」と反射した。すると，Aさんは，カウンセラーの反射した「つらいですね」という言葉を聞いた途端に涙が込み上げた。Aさんは，カウンセラーの反射した言葉を聴いて，自分自身の「つらい」という気持ちをしっかり体験できたのであろう。それによって，母親は，少し気持ちが楽になるのだ。

7．カウンセリングの過程

ここでは，カウンセリングの過程，言い換えると具体的な流れを受理面接（初回面接）の例を示して解説することにする（図10 − 1）。これは，あくまで例であって，図10 − 1に示したとおりに進むわけではない。重要な点について示してある。

受理面接では，クライエントの生育歴，家庭環境などの情報収集を行うとよい。また，心理テストを実施し，クライエントのパーソナリティや現在置かれている状態を把握し，今後の方針を立てる。しかし，あくまでもクライエント主体に考え，クライエントの様子を見ながら聞き取りを行うことが大切である。心理検査に関してもクライエントが拒んだ場合には，無理に実施しない，強要しないことである。

カウンセリングの実施時間は，受理面接の場合は60分から90分程度で，状況によっては数回実施することもある。通常の場合は50分から60分程度である。

カウンセリングの導入部分において，カウンセラーはクライエントは誠意をもって迎えることが大切である。次にラポール（信頼関係）（→ p.205）づくりをすることである。たとえば，カウンセラーはクライエントに「よく来てくだ

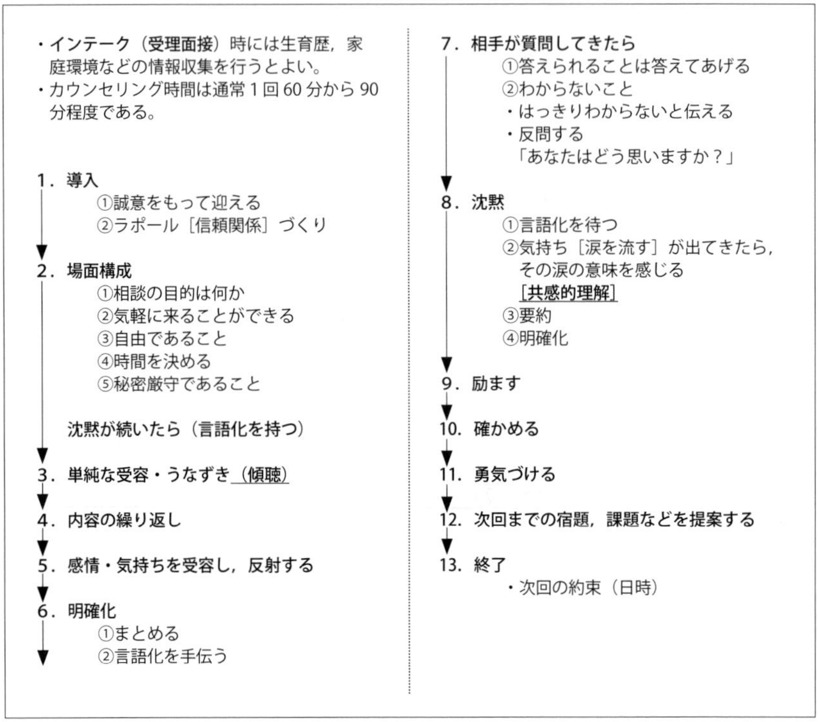

・インテーク（受理面接）時には生育歴，家庭環境などの情報収集を行うとよい。
・カウンセリング時間は通常1回60分から90分程度である。

1．導入
①誠意をもって迎える
②ラポール［信頼関係］づくり

2．場面構成
①相談の目的は何か
②気軽に来ることができる
③自由であること
④時間を決める
⑤秘密厳守であること

沈黙が続いたら（言語化を持つ）

3．単純な受容・うなずき（傾聴）

4．内容の繰り返し

5．感情・気持ちを受容し，反射する

6．明確化
①まとめる
②言語化を手伝う

7．相手が質問してきたら
①答えられることは答えてあげる
②わからないこと
・はっきりわからないと伝える
・反問する
「あなたはどう思いますか？」

8．沈黙
①言語化を待つ
②気持ち［涙を流す］が出てきたら，その涙の意味を感じる
［共感的理解］
③要約
④明確化

9．励ます

10．確かめる

11．勇気づける

12．次回までの宿題，課題などを提案する

13．終了
・次回の約束（日時）

図10－1　カウンセリングの過程

さいました」，「今日はよく降りますね。雨の中よく来てくださいました」などといったお天気会話から入っていくのもよいであろう。

カウンセラーはクライエントを誠意をもって迎え，ラポールづくりにこころがけたならば，次に場面構成へと入っていく。これからカウンセリングを実施するにあたってのオリエンテーションであったり，ルールの説明であったりする。たとえば，①相談に来た目的は何か（主訴），②気軽に来ることができる場であること，③自由であること，④時間を決めること（予約制で1回50～60程度であること），⑤秘密厳守であることなどを伝える。

カウンセリングが始まり，クライエントの沈黙が続いたら，カウンセラーは基本的にクライエントの言語化を待つ必要がある。クライエントが話し始めた

ら，傾聴することをこころがける。また，単純なうなずきをし，受容をする。もし沈黙が長く続くようなことがあれば，カウンセラーの方から手を差し伸べてみる。時間にしてみればわずか1分の沈黙であっても，結構長く感じるものである。

引き続きクライエントが話している場合は，時折カウンセラーはクライエントの話した内容を繰り返し，クライエントに伝える。クライエントが気持ちを表現したならば，それを受容し，反射することが重要である。

クライエントは取り留めもなく話をすることがあるので，ある程度クライエントが話したところでその内容についてまとめる。また，クライエントがうまく話せないようなときには，言語化を手伝う。

クライエントが質問してきたような場合に，カウンセラーはどのような態度をとればよいだろうか。クライエントの質問に対して，答えられるようなことは答えてあげる必要があろう。たとえば，何か情報を知りたいような場合には，カウンセラーがその情報提供をできるようであれば，しても構わないであろう。しかし，クライエントの人生の選択にかかわるような場合は論外である。クライエントの質問事項に対して，カウンセラーがわからないのであれば，はっきりと「わからない」と伝える必要があろう。また，逆にカウンセラーからクライエントに対して，「今の質問ですが，あなたはどう思いますか？」と反問してみるのもよいであろう。意外にクライエントは答えをもっていることもある。

先ほども述べたように，クライエントの沈黙に対して，カウンセラーは基本的に待つ姿勢が大切である。しかし，クライエントが自分自身の内面にある気持ちに触れて涙が込み上げて沈黙となったような場合に，カウンセラーは黙ってその涙の意味を感じ取ることが重要となる。そこに共感的理解が生まれる。

その他，カウンセリングの場面において，カウンセラーはクライエントを励ましたり，勇気づけたりといった配慮をすることも大切である。場合によっては，次回までの宿題や課題を提案するのもよいであろう。学校から出る宿題や課題とは違うので，次回にクライエントが来た際に，宿題や課題をやったかどうか確かめる必要はない。やったのであればクライエントは話すであろうし，話さないのであればそれはそれとして流す必要があろう。

受理面接の最後には，カウンセラーはクライエントの問題を引き受けることができるかどうか伝える必要がある。引き受けられないのであれば他の専門機関を紹介する必要があろう。引き受けることができるのであれば，そのことをクライエントに伝え，クライエントも同意するのであれば，契約関係を結ぶことになる。次回の約束（日時の予約）をして終了となる。

コラム

傾聴ボランティア

最近,「傾聴ボランティア」という言葉を耳にする。「ボランティア」の前に「傾聴」がついた言葉である。前提はボランティアであるが，カウンセリングの手法である「傾聴」に意識を置いたボランティアである。

傾聴ボランティアの養成講座は，高齢化社会を迎え，独居高齢者や施設高齢者の話の聴き役，また高齢者のうつ病と自殺予防の対策として，さらには若い母親の育児に対する不安や悩みに耳を傾けるという子育て支援，ひいては児童虐待防止対策として期待されている。近年，行政機関，民間団体・機関は，健康な高齢者，団塊の世代，主婦など地域住民を対象として「傾聴ボランティア養成講座」を実施するようになった。

傾聴ボランティアの起源は，1978 年にアメリカ合衆国のカリフォルニア州にあるサンタモニカ福祉センターが，カウンセリングの手法として実践を開始したところにあるといわれている。その後，全米各地やヨーロッパ各地に広がった。1990 年代に日本に普及したといわれている。日本では，特定非営利活動法人ホールファミリーケア協会の前身である高齢者福祉任意団体の鈴木絹英氏らが始めた。

■ 引用文献

C. R. Rogers（1961）. *Client-centered therapy*. Boston: Houghton Mifflin.
河﨑俊博（2016）. 人間性心理学　自分らしく生きる　藤田哲也（監）串崎真志（編著）絶対役立つ臨床心理学　カウンセラーを目指さないあなたにも　ミネルヴァ書房　pp.163-

176.
日本カウンセリング学会（編）(2003). カウンセリング研究, 36, 164.

■ **参考文献**

C. R. Rogers (1961). *On Becoming person*. Boston : Houghton Mifflin. (村山正治(編訳) (1967). 第1章人間論　ロージァズ全集12巻　岩崎学術出版社)
C. R. Rogers (1977). *On Personal power*. (畠瀬稔・畠瀬直子（訳）(1980). 人間の潜在力　個人尊重のアプローチ　創元社)
福屋武人（編）(2002). 現代の臨床心理学　学術図書出版社
H. カーシェンバウム　V. L. ヘンダーソン（編）伊東博・村山正治（監訳）(2001). ロジャーズ選集　上・下　誠信書房
池田勝昭・目黒達哉（編）(2010). こころのケア　臨床心理学的アプローチ　学術図書出版社
池田勝昭・目黒達哉（編著）(2007). 障害者の心理・『こころ』　育ち・成長・かかわり　学術図書出版社
南山短期大学人間関係学科（監修）津村俊充・山口真人（編）(1992). 人間関係トレーニング　ナカニシヤ出版
佐治守夫・飯長喜一郎（編）(1983). ロジャーズクライエント中心療法　カウンセリングの核心を学ぶ　有斐閣
吉森護（編著）(1991). 人間関係の心理学ハンディブック　北大路出版

第11章
高齢者の心理

現代社会は高齢化社会である。日本人の平均寿命は，男性が約80歳，女性が約86歳と世界的な長寿国となった。この背景には，日本の社会における医療の進歩などがあげられる。しかし，厚生労働省（以下，厚労省）によると日本における65歳以上の人口割合は，2020年に25.5%に達するといわれている。これは，国民4人に1人が65歳以上の高齢者となる計算である。2025年には虚弱高齢者，要介護認知高齢者（寝たきりを除く），寝たきり高齢者（認知症を除く）の合計数は約520万人にのぼるといわれている。厚労省は，このような高齢化社会に対して危機意識を強めている。

また，高齢者の問題として認知症の問題があげられるが，それと同時に近年は高齢者のうつ病と自殺の問題が増加傾向にある。

こうした時代背景の中で，私たちが高齢者の心理について学ぶことは，非常に重要なことと考えられる。この章では，高齢者の心理的特性，高齢者の心理的諸問題（認知症，うつ病と自殺など）について理解を深める。

1．高齢者の知能

（1）知能とは

知能については，それぞれに学者がさまざまな定義をしているが，その中でももウェクスラー定義が最も包括的な定義とされている。ウェクスラーは知能を「個人が目的にあった行動をし，合理的に思考し，個人がおかれた環境からの働きかけに効果的に処理する総合的な能力」としている。

（2）高齢者の知能

「加齢に伴って知能はどうなりますか？」という質問を投げかけられたときに,私たちはどう答えるだろうか。おそらく私たちはイメージ的に「加齢に伴って知能は低下する」と答える人が多いのではないか。果たしてどうだろうか。

ホーンとキャッテルは知能を「結晶性知能」と「流動性知能」という2つの因子で構成されるといっている。

「結晶性知能」とは，これまでの経験や知識の豊かさや正確さと結びついた能力で，学校教育や社会経験と深く関係し，その中で育っていく能力である。

「流動性知能」とは，新しいことを学習したり，新しい環境に適応したりするための能力である。学校教育や社会教育とは比較的独立しており，生まれつきの能力と強く関係している。

「結晶性知能」は言語性知能ともいわれ，WAISの言語性検査で測定され，言語性得点として表される。また,「流動性知能」は動作性知能ともいわれ,ウェクスラーが考案したWAISという知能検査の動作性検査で測定され，動作性得点として表される。

図11－1は，アメリカの老年心理学者シェイエによって開発された系列法とよばれる手法で，結晶性知能と流動性知能を測定したものである。系列法とは，たとえば5歳間隔で複数の集団を設定し，その集団を5年間追跡調査をして，各集団の結果をつなぎ合わせたものである。図11－1は，系列法の結果である。図11－1から,「結晶性知能」は60歳頃まで上昇し，それ以降は徐々に低下し始める。このように高齢になっても比較的維持される。「流動性知能」は30歳から40歳

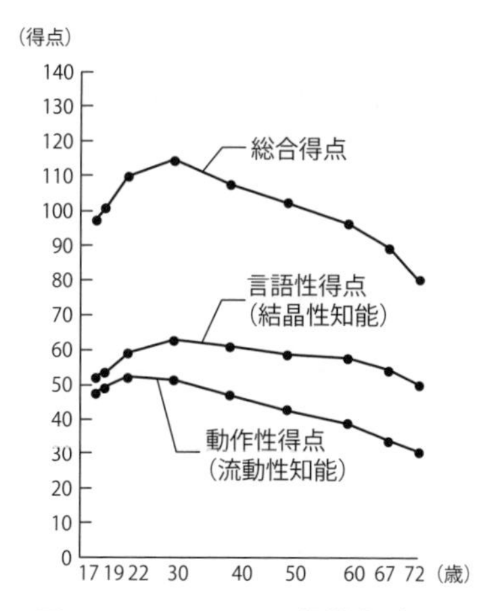

図11－1　WAIS-Rの標準化データ
（ウェクスラー，1981）

頃まで上昇し，それ以降は急激に低下する。

つまり，現代心理学の知能に関する見解は，流動性知能のように加齢の影響を受けやすいものもあれば，結晶性知能のように受けにくい知能もあるということである。

2．高齢者の生理・心理的特性

高齢者の心理的特性に関連して，先行研究において，笠原洋勇（1997）は老年期に好発する精神症状として「①不安・心気状態，②抑うつ状態，③幻覚・妄想状態，④せん妄，⑤認知症」の５項目をあげ考察している。加藤伸司（2003a）は認知症高齢者の心理的特徴として「①慢性的な不安感，②不安状態，③うつ状態　④混乱状態，⑤感情の易変性，⑥被害感，⑦作り話，⑧過去と現実の混同」の８項目をあげ解説している。これらの先行研究は，心理的特性の背後にある深層までは考察されていないきらいがある。ここでは，高齢者の心理的特性を先行研究と筆者の臨床経験を加味して，その背後にある深層も含めて筆者の考えを明らかにしていきたい。

（1）高齢者の生理

人間には食欲，性欲，睡眠欲などさまざまな生理的欲求がある。健康高齢者であろうと，障害をもっている高齢者であろうと，特に生きるための欲求（→ p.205）としての食欲は最後まで衰えないのである。

（2）高齢者の心理

a．自分自身を守ろうとする

高齢者はとかく目（視覚）が見えにくくなる，耳（聴覚）が聞こえにくくなるなど五感（→ p.205）が衰え，精神的に弱気になったりもする。やがて，外出することをきらい，家に閉じこもり保守的になる。なぜならば，彼らは外出することをおっくうに感じ，もうこれ以上自分自身の自尊心を傷つけたくないという心理が働くようになるのだ。

b．尊敬されたい

高齢者は醜い存在，疎ましい存在として否定的なイメージをもたれがちで，社会から追いやられる。しかし，いつまでも周囲の人々から注目されたい，尊敬を得たいと思っている人もいるのである。

c．孤独感

高齢者は社会から離脱し，孤立する。また周囲の友人，夫，妻などに先立たれ，どうしようもない寂しさ，空しさを感じ，孤独感にさいなまれるのである。

d．感情的になる

高齢者は喜怒哀楽の起伏が激しくなる場合がある。特に認知高齢者は感情失禁（→ p.205），強迫笑い，強迫泣き，上機嫌など感情のコントロールがうまくできなくなることがある。

e．涙もろい

高齢者は介護者の親切な対応に涙を流し感謝する。また，介護者が施設や利用者の家から帰ろうとするときに，寂しくて，介護者の手を握って泣くことが多い。彼らはさまざまな場面において涙もろくなるのである。

f．ひがみやすい

高齢者は一般的にひがみやすくなる。ましてや障害をもっていると健康高齢者以上にひがみやすくなるのだ。こうした行為の背後には，周囲の人々から承認を得たい，注目されたいといった心理が働いていると考えられる。

（3）高齢者の深層心理

a．過去の人生体験を理解してもらいたい

認知症高齢者と共に日光浴や散歩に出かけると，ふだん施設内や家庭内において無口で，人間関係をもたない人が，突然，介護者に対して一生懸命に過去の成功体験や失敗体験といった人生体験を話し始めることがある。このようなことからすると，過去の自分自身のことを知ってほしい，わかってもらいたいという気持ちが強いと考えられる。

b．内なる信仰心を喚起される

人は誰でも信仰心をもっている。私たちは神社や寺院，家庭の神棚や仏壇と

いった象徴に手を合わせる。私たちは苦しいとき，困っているとき，病んでいるとき，こころ・気持ちの調整をするとき，そして感謝の気持ちを表すときなどに手を合わせるものである。若いときには，それほど意識しなかったであろう。しかし，高齢になると人生の終焉を迎え周囲に対する感謝の気持ち，こうして生きてこられたことへの感謝の気持ちがこころの奥深いところからわき起こってくる人が少なくない。人によっては毎日，神棚，仏壇あるいは御天道様（太陽）に向かって手を合わせるのである。

c．死への不安や恐怖がある

高齢者は死を意識する。夫，妻，身近な友人などに先立たれると，今度は自分の番ではないかと不安感と恐怖感にさいなまれる人がいる。何にすがればよいのか，どこに向かっていけばよいのか，人生の終焉を迎え漠然とした莫大な課題を抱え，ただひたすら手を合わせる人もいる。高齢者の中には誰に対してであろうか「早く迎えに来てください」と何度も繰り返し唱える人もいるのだ。

3．認知症

認知症には大別して３つの種類がある。それは脳血管性認知症，アルツハイマー型認知症，レビー小体認知症がある。これらの認知症の分布は，アルツハイマー型認知症が最も多く全体の約50％といわれ，次いで脳血管性認知症，レビー小体型認知症がそれぞれ20％，その他が10％といわれている。ここでは，それぞれについて考えてみたい。

（1）脳血管性認知症

脳血管性認知症とは，脳内で生じる脳出血や脳梗塞などの，いわゆる脳発作によって生じる認知症である。脳発作から次の脳発作が生じるまでは症状が安定する。次の発作が生じるとさらに症状が悪化する。そして次の発作までそのレベル症状は安定する。さらに次の発作が生じるまでそのレベルまで症状は安定する。つまり，脳血管性認知症は，脳発作のたびごとに症状が悪化する認知症である。脳血管性認知症の場合，CT 撮影をすると，脳発作が生じた箇所がまだ模様のように映し出される。このことから「まだら認知症」ともよばれている。

（2）アルツハイマー型認知症

アルツハイマー型認知症は，1906年にドイツの医師のアルツハイマーがこのように紹介した。アルツハイマー型認知症は，脳血管性認知症のように原因がはっきりしていない。ただ，脳の委縮ではないかといわれている。

アルツハイマー型認知症は，初期の頃，うつ病と見分けがつきにくい。診断を誤ると，認知症の症状が悪化する。早期発見，早期治療が重要である。

アルツハイマー型認知症は，徐々にゆっくりと症状が悪化する。初期の頃は体験全体の物忘れが激しくなる。次に時間や場所などがわからなくなるなどの見当識障害，徘徊や異食など，行動障害が出現する。そして最後には，身近な人がわからなくなり，さらに自分自身がわからなくなり，常時介護が必要な状態になる。

（3）レビー小体認知症

レビー小体認知症は，脳幹や大脳皮質にレビー小体という異常な細胞が蓄積されることによって生じるとされている。レビー小体はドイツの生まれの神経学者であるフレデリック・レビーによって発見されたといわれている。レビー小体認知症は，認知障害のみでなく，幻覚の一種である幻視が出現する。また，安静時における手足の震えや歩行障害などパーキンソン病に類似した運動障害も同時に表れる。

4．高齢者のうつ病と自殺

近年の高齢者の心理的問題は，認知症の問題と並んで，うつ病と自殺の問題も重要な課題となっている。

平成23年度の日本における年齢別自殺者（厚生労働省）は，29,029人と約30,000人となっている。その内，60歳以上の高齢者の自殺者は，10,661人となっており，全体の約 36.73％で決して少ないとはいえない。自殺の原因・動機は，健康上の問題が多く，このほとんどはうつ病であるといわれている。うつ病と自殺の関連は深いと考えられる

高齢者は，うつ病と自殺のリスクが高まるといわれている。それは喪失体験の増加である。喪失体験の代表的なものは,「職業からの引退」「経済的喪失」「配偶者や友人との死別」「身体的健康の喪失」などがあげられる。このような機会が高齢期に増加し，うつ病を発症し，自殺に至るケースもあるのだ。

5．高齢者を理解する方法

先に述べてきたように, 高齢者はさまざまな心理的特性を呈する。私たちにとって重要なことは，心理的特性の背後に何があるのか，どうしてこのような心理状態を造り出すのか，といった視点を持つことである。ここでは，高齢者を理解するうえでの留意点をあげ，心理的特性の背後にあるものを考えてみたい。

（1）障害の理解

a．障害の種類と状態像を理解する

まず，高齢者の障害や疾病の種類と状態像を理解することが大切である。これを理解していないと，その背後にあるものも理解が困難となろう。その人は視覚障害，聴覚障害，肢体不自由，知的障害，内部障害（→ p.205），認知症（脳血管性痴呆, アルツハイマー型痴呆), 精神障害（統合失調症および分裂様障害,躁うつ病，うつ病，神経症性障害等）などいずれの障害や疾病をもっているのか，またその状態像を医学的，生理学的な視点から理解し，その対応を考えることが必要である。

b．障害の要因を理解する

高齢者の障害や疾病とその状態像を理解したならば，その障害や疾病の要因を理解することが重要である。たとえば，いつ，どのような状況で事故にあったのか，どのような日常生活を送っていたのか，周囲の環境はどうであったのか，仕事の状況はどうか，人間関係でストレスを持ちやすい状況にあったのか

など，その障害を生み出した要因について探求してみることも必要である。

（2）個性の理解

a．高齢者の生い立ちを知る

人は，1人として同じ人生を歩む人はいない。すべての人は，千差万別な人生を歩むことになる。人にはその人の生い立ち，その人を取り巻く環境などがあって今があるわけで，現状の姿からその人を安易に判断してはならない。

私たちは，トータルな見方を要求される。高齢者がなぜ障害や疾病を背負ったのか，どうして障害や疾病を背負わなくてはならなかったのか，といった素朴な疑問をもつところから，その人に対する理解が始まるのである。

b．高齢者の性格特徴を理解する

障害や疾病をもっていると，その人のマイナス面に注目し，その部分がクローズアップされがちになる。高齢者には，その人が生きてきた歴史がある。その人のプラス面も必ずあるわけで，プラス面を可能な限り引き出すことも忘れてはならない。私たちは，高齢者の長所と短所の両面を平等に理解することが大切である。

（3）環境の理解

a．高齢者の家族を理解する

私たちは，高齢者とかかわるうえで，家族の理解がどの程度であるのかを知る必要である。なぜならば，本来家族というものは最もよき援助者であるからだ。また，高齢者の多くは，家族との団らんや安らぎを求めている。

施設高齢者であれば，家族の訪問はあるのか，まったくないのかなどを知ること，訪問がある場合には，家族と利用者とのかかわりの様子を把握することである。在宅高齢者であれば，家族の介護の様子や，家族の本人に対する感情が肯定的なのか否定的なのか，介護のストレスを抱えていないか，燃えつき症候群（→ p.205）の兆候がないかなどを理解する。

b．高齢者の周囲の環境を理解する

先にも述べたように，高齢者の家族関係を把握することはいうまでもない。

その他に，その人が居住している地域の環境はどうか，地域社会の中でその人をサポートしてくれるキーパーソンや，ボランティアはいるのか等を把握しておくことも，ネットワークづくりや協力･連携を図るうえで忘れてはならない。

（4）対人援助者の基本的姿勢

a．高齢者の苦悩を知る

人には人の人生があり，その人がどのような四苦八苦（→ p.205）の人生を歩んできたのか，高齢者の話にただひたすら耳を傾け，その人の人生の機微を垣間見，感じてみることによって，その人の障害や疾病のゆえんをたどることができよう。

b．高度経済成長に貢献してきた高齢者

現代を生きる高齢者は，全身全霊で労働力を提供し，高度経済成長を達成するために貢献してきた人々である。多くの人は，趣味や楽しみに費やす時間は少なく，ただひたすら働いてきたのだ。こころに余裕はなく，過労の結果として，認知症や精神障害を呈することになったといっても過言ではないであろう。

このような人々の努力があったからこそ日本は物質的には豊かになったが，人にとって大切な何かを見失い，人生の終焉で認知症や精神障害などの病に侵されたと考えられる。見方を変えるならば，高度経済成長の犠牲者だと訴えるには言い過ぎであろうか。

c．障害の被害者と受容者

高齢者の中には自分自身の障害や疾病を受容できず，自分自身の人生は「無駄であった」「何の意味もなさなかった」「どうして障害を背負わなくてはならなかったのか」などの被害者意識や否定的な感情をもつ人がいる。一方で，障害受容がなされ，障害を背負ったことをプラスに転化させ，前向きに建設的に人生の最終ステージを送る人もいる。障害受容を達成した高齢者の中には，「健常者と障害者の両方の人生を送ることができてよかった」と語る人もいる。ここまで来るのには，それ相当の苦労や葛藤があったことが推察される。

私たちは，高齢障害者にこの両者がいることを，良い／悪いの判断をつけ加えることなく受け容れ，理解する必要があろう。

d．私たちが大きな器となる（受容性を高める）

高齢者を理解するには，私たちが大きな器となって高齢者を受け止める姿勢をもつことが先決であろう。高齢者の障害や疾病にのみ焦点を当てるのではなく，先にも述べたようにその人の生い立ち，家族を含めた周囲の環境など全体をも見渡した総合的な見方をすることが，高齢者に対する真の理解につながると考えられる。

6．高齢者に対する援助のあり方

ここでは，認知症，精神障害の高齢者への共通な対応について，私たちに求められる基本的な態度を述べることにする。長野（1997）は高齢者・障害者への援助について基本的な援助論を述べている。その中で，人間観として，人間の現実傾向，援助者の成長について考察し，また援助の吟味として受容すること，共感することをあげている。加藤（2003b）は認知症高齢者に対応するときの一般的注意点として「①認知症についての正しい知識をもつ，②人格を尊重する，③受容的な態度で望む，④相手のペースに合わせる，⑤相手の理解できる言葉を使う，⑥認知症高齢者に理解できる言葉を使う，⑦残された機能に働きかける，⑧不可解な言動も必ず受け止める，⑨感情交流を大切にする，⑩身体的接触が効果的，⑪その人に合った介護をする，⑫環境の急激な変化をさける」の 12 項目をあげ，解説している。

筆者は，以上のような先行研究を参考に，筆者の臨床経験を加味して，高齢者に対する援助の留意点として⑴カウンセリング的かかわり，⑵心理的・身体的かかわり，⑶対人援助的かかわりを以下に提示し，それぞれの詳細を述べることにする。

（1）カウンセリング的かかわり

a．傾聴すること

高齢者の話をよく聴くことである。私たちは，人の話を聴いているようで聴いていないことが多い。高齢者には，現在と過去の混同，不可解なこと，意味不明なことを言うこともある。こうした高齢者の言動にも耳を傾け，表情や雰囲気を感じ取ることも傾聴に含まれよう。

b．受容すること

私たちに傾聴するという構えができると，高齢者を受け容れることができる。一方で高齢者は，私たちに受け容れられたと認知するのである。すると，高齢者と私たちの間には信頼関係が生まれ，高齢者は私たちにあらゆることを話すようになる。私たちは，高齢者のどんな言動や態度でも，いったんそれを受け容れることに徹する姿勢が大切である。このような私たちの態度によって，高齢者は過去の成功体験や失敗体験，障害や疾病を背負ってしまった理由など，包み隠さず話すようになるのだ。

c．共感的理解

傾聴，受容の態度が形成されると，そこには共感が生まれる。私たちは，高齢者に対して完全に共感することは困難である。それは，まったく違う人間で，人生体験も異なるからだ。しかし，障害や疾病を背負ってしまったこと，障害や疾病を抱えて生きることの辛さ，苦しさ，虚しさといった対象者の四苦八苦を，私たち自身の人生体験と照らし合わせながら共感する努力が必要であろう。

（2）心理的・身体的かかわり

a．情緒的接触をもつようこころがける

高齢者は身体的，機能的には障害があっても，直感的，感覚的に鋭敏な人もいる。私たちが，高齢者に対して良い／悪いといった判断的な見方や態度をとったりすると拒否的になる。私たちは，高齢者の「こころ」「気持ち」に訴えかけることを忘れてはならない。たとえば，今日，出会えたことへ感謝の気持ちを伝える，私たち自身の気持ちを高齢者に伝えるなど，情緒*に触れる交流が重要である。

b．身体的接触をもつようこころがける

高齢者の中には視覚障害や言語障害をもっている人もいる。私たちは言語的

---

*ここでいう「情緒」とは人の内的世界に存在する普遍的なもので，慈悲，内的平和，感謝，思いやり，優しさといった精神性をいう。

コミュニケーションのみでなく，非言語的コミュニケーションも考慮に入れる必要がある。たとえば，身体的接触はその一つである。高齢者の手足をさすってあげる，肩に触れてあげるといったかかわりは，高齢者を安心させ，不安感を和らげるのに効果的である。こうしたアプローチを介在させることによって高齢者と私たちの言語的コミュニケーションが促進することもある。

しかし，高齢者の中にはこれまでの人生において人に触れられることにあまり慣れておらず，他人に身体を触れられることを嫌がる人もいる。むやみに身体に触れるのは禁物である。逆にこころを閉ざしてしまう結果になりかねない。高齢者の身体に触れるときには粗雑にならないように細心の注意を要する。

c．残された機能と失われた機能の両面を理解する

高齢者は認知症，精神障害，肢体不自由，視覚障害，言語障害など人によってさまざまである。私たちは対象者の障害特性を理解するようこころがけ，その人が何ができて何ができないのかを把握し，現在できることをより伸ばしていくようにこころがけることである。とかく私たちは失われた機能をリハビリテーションなどの機能訓練によって回復させようとするが，この視点は高齢者にとって負荷が大きく，むしろ残されている機能に焦点を当てそれを伸ばしていくことを考える必要があろう。

（3）対人援助的かかわり

a．尊敬心をもつこと

高齢者は，私たちよりも人生を長く生きている。人生の先輩である。たとえ障害があろうとも，人生の先輩として尊敬心をもつことが大切である。とかく高齢者は醜い存在，哀れな存在，邪魔な存在として追いやられる。ましてや，障害や疾病を抱えているとなるとなおさらである。私たちが，このような気持ちでいると高齢者は抵抗したり，反発する。高齢で障害をもっていたとしても自我意識は保たれており，プライドを傷つける結果となる。私たちは，高齢者を肯定的に見守ることが重要である。

b．高齢者を中心に考え行動し，その人にあった援助をする

高齢者は十人十色であり，十把一からげに考えるわけにはいかない。私たちは高齢者とのかかわりを通して，その人の特徴や傾向性を実践的に学び，その人に合ったかかわりをすることが大切である。

c．高齢者に迎合しない

とかく私たちは高齢者に気に入られようと，あるいは評判が悪くならないようにと無理をすることがある。私たちが高齢者に不自然な気の使い方や機嫌をとろうとするとうまくいかないものである。高齢者は障害をもっているが感覚的には衰えておらず，むしろこうした私たちの態度を見抜き，関係性がぎくしゃくするのである。私たちは高齢者のありのままを受け止め，素であることが大切である。

コラム

うつ病チェック

私たちは，自分のこころと体の健康を守ることは大切です。
以下の質問について，該当するものにチェックしてください。

〈チェック項目〉

①	毎日の生活に充実感がない。	
②	これまで楽しんでやれていたことが，楽しめなくなった。	
③	以前は楽にできていたことが，今ではおっくうに感じられる。	
④	自分が役に立つ人間だとは思えない。	
⑤	わけもなく疲れたような感じがする。	

大野裕氏による厚生科学研究費補助金障害保健福祉合研究事業
(「うつ状態スクリーニングとその転機としての自殺予防システム構築に関する研究」報告書(平成14年)より)

〈判定方法〉

上にあげた状態のうち２項目以上が２週間以上，ほとんど毎日続いていて，そのためにつらい気持ちになったり，毎日の生活に支障が出てきている場合にはうつ病の可能性があります。医療機関，保健所，精神保健センターなどに相談してください。このほかに，眠れなくなったり，食欲がなくなったりすることもあるので，そうした状態が続場合にはうつ病の可能性も考えてみてください。

■ 引用文献

笠原洋勇（1997）．老年期に好発する精神症状　福祉士養成講座編集委員会（編）介護福祉士養成講座 7　老人・障害者の心理　三訂　中央法規出版　pp.83-87.

加藤伸司（2003a）．認知症高齢者の心理的特徴　長嶋紀一（編著）介護福祉士選書 7　新版　老人心理学　建帛社　pp.119-122.

加藤伸司（2003b）．認知症高齢者への対応　長嶋紀一（編著）介護福祉士選書 7　新版老人心理学　建帛社　pp.122-128.

長野恵子（1997）．基本的援助論　福祉士養成講座編集委員会（編）介護福祉士養成講座 7　老人・障害者の心理　三訂　中央法規出版　pp.188-192.

Schaie, K. W.（1980）Intelligence and problem solving. In Birren, J. E., &Sloane, R.（Eds.）*Handbook of mental health and agong*. Engleewood Cliffs, NJ : Prentice-Hall, pp.262-284.

Schaie, K. W.（1996）. *Intellectual development in adulthood : The Seattle Longitudinal Study*. Cambrige UK : Cambrige University Press.

■ 参考文献

藤野信行（編）（2004）．介護福祉選書 8　新版　障害者心理学　建帛社

介護福祉士養成講座編集委員会（編）（2016）．新・介護福祉士養成講座 11　発達と老化の理解　第 3 版　中央法規出版

第12章 障害者の心理

1．障害の概念

障害と一口にいってもその意味は大変複雑である。そこで，障害を理解するために最も参考になるのが，世界保健機構（WHO）（→ p.205）の障害の定義である。世界保健機構は1980年に「国際障害分類」，2001年には国際障害分類を改訂して発表した「国際生活機能分類」で障害者の定義を示している。

国際障害分類では，障害を疾病による心身の変調から障害が発生し，その障害はまず機能障害を発生させ，次に日常生活の活動が制限される能力障害を引き起こし，さらに社会生活上で不利益を受け，社会的な役割が果たせない状態を指す社会的不利へとつながっていくという３つ次元に分けて説明している(図12 − 1)。しかし，この見方は障害を否定的にとらえようとするものであり，近年では障害者の完全参加と平等を促進する流れから，個々の能力よりも環境の問題が重要視されるようになってきた。

この流れを受けて，2001年に発表された国際生活機能分類では，障害を疾病によって生じる障害という表現を健康状態という表現で表している（図12 − 2)。さらに，能力を心身機能・構造，活動，参加の３つの次元と環境因子と個人因子の２つの背景因子でとらえ，その次元ごとに問題が生じている側面として，機能障害，活動制限，参加制約という概念を用いて説明をしている（表12 − 1)。

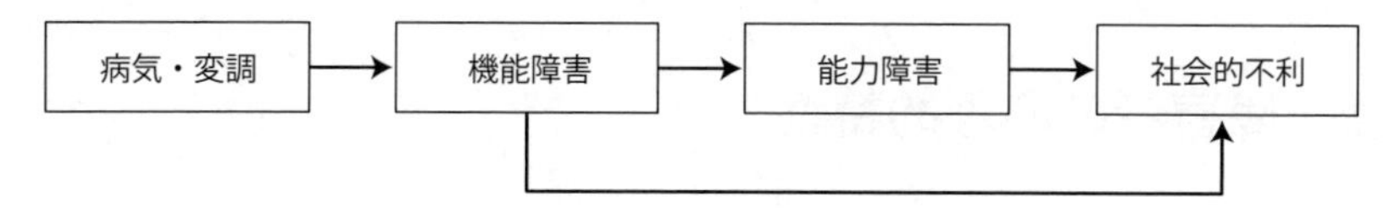

図 12 － 1　国際障害者分類（ICIDH）の障害モデル

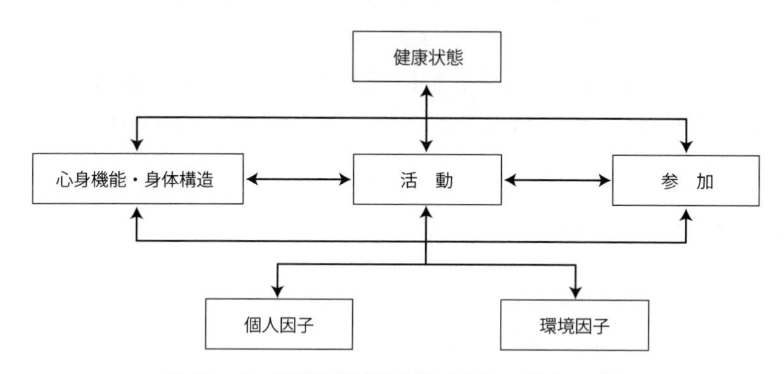

図 12 － 2　国際生活機能分類（ICF）の障害モデル

表 12 － 1 国際生活機能分類（ICF）の概念

	第 1 部：生活機能と障害		第 2 部：背景因子	
構成要素	心身機能・身体構造	活動・参加	環境因子	個人因子
領域	心身機能・身体構造	生活・人生領域（課題，行為）	生活機能と障害への外的影響	生活機能と障害への内的影響
構成概念	心身機能の変化（生理的）身体構造の変化（解剖学的）	能力―標準的環境における課題の遂行実行状況―現在の環境における課題の遂行	物的環境や社会的環境，人々の社会的な態度による環境の特徴がもつ促進的あるいは阻害的な影響力	個人的な特徴の影響力
肯定的側面	機能的・構造的統合性	活動参加	促進因子	非該当
	生活機能			
否定的側面	機能障害（構造障害を含む）	活動制限参加制約	阻害因子	非該当
	障害			

2．障害者の心理的特性

障害者の心理を理解するうえで重要な要素として，心理的特性があげられる。心理的特性とは，人間の心理の側面における個々の行動特徴のまとまり，あるいは一貫してあらわれる行動傾向を指している。

さらに，障害者の心理的特性を理解する視点として，障害特性と個別特性の関係性，心理的特性と心理的問題の関係性，障害の種別ごとの心理的特性の３つの点があげられる。

(1) 障害特性と個別特性の関係性

障害者の心理的特性は，たとえば，同じ視覚障害者であっても，視力に応じて盲，弱視に分けられ，失明時期によって先天性盲，中途失明に分けられる。そして，それぞれの心理的特性は異なってくる。このように障害の種類や程度によって，心理的特性は異なってくるが，それと同時に，同じ障害の種類と程度の障害者でも，一人ひとり見ると必ずしも同じ心理的特性を持っているとは限らない。

このことは，同じ種類や程度によって，１つにまとめることができる心理的特性と，同じ障害の種類と程度を持つ者の中で，個々に異なる心理的特性が存在していることを示している。前者は，障害特性といわれるもので，障害の種類や程度によってまとめることができ，健常者や他の障害者には見られないその障害に固有の心理的特性である。後者は，同じ障害の種類や程度を持つ人の中でも個々に異なり，健常者にも共通して見られる個別特性といわれる心理的特性である。この２つの心理的特性が複雑に絡み合って，個々の障害者の心理的特性が形成される。

したがって，障害者の心理的特性を理解するうえで最も大切なことは，障害特性のみで障害者の心理的特性を判断するのではなく，障害者一人ひとりの個別特性にも充分に配慮しながら把握する必要がある。

(2) 心理的特性と心理的問題の関係性

心理的特性には，ポジティブなものとネガティブなものがある。ポジティブな心理的特性とは，適切な行動形成や環境への適応上プラスになるもので，学習や適応という点からみて望ましい特性であり，その人の得意な面や長所といえる。これに対して，ネガティブな心理的特性とは，適切な行動形成や環境への適応上マイナスになるもので，対人関係などを構築する点からみて望ましくない特性であり，その人の不得意な面や短所といえる。そして，先に述べた障害特性のほとんどが，ネガティブな心理的特性であり，このネガティブな心理的特性が多く存在すると心理的問題が発生しやすくなる。ただし，ポジティブな心理的特性がネガティブな心理的特性を補うことで，心理的問題が生じにくくなる場合もある。

また，心理的問題が発生する要因には，ネガティブな心理的特性だけではなく，その人を取り巻く環境的な要因も介在している。たとえば，ネガティブな心理的特性が多く存在してもその人を取り巻く環境が良好であれば，心理的問題は生じないか，生じにくい。反対に環境的要因が不良であれば，心理的問題はさらに大きくなる。

このように心理的特性と心理的問題は，密接な関係にあるが，同一のものではない。障害者は障害特性を持っているがゆえに，さまざまな心理的問題を抱えることが多いということである。ただし，障害を持たない人の中にも多くの心理的問題を抱え，不適応状態に陥る人もいる。

(3) 障害の種類と心理的特性

a．視覚障害者の心理的特性

人間は，外界からの情報を視覚，聴覚，触覚，嗅覚，味覚などの感覚を通じて知覚している。中でも，視覚によって得られる外界の情報の量が最も多いといわれている。さらに，視覚は物の形や色についての情報のみならず，外界の広がりや，その空間に存在する物の位置関係や，全体と部分との関係などの情報も与えてくれる。そのような機能のある視覚に障害を受けると，どのような心理的特性を持つものかを考えてみる。

先天性盲の場合は，空間に関する情報の障害が，成長・発達の過程で次のような問題点を引き起こすことを理解する必要がある。

①具体的事物・事象と言葉との対応関係ができにくい

②日常生活の諸行動や運動の模倣が成立しにくい

③空間の広がりや位置関係などを把握するのが困難である

④視覚情報の欠如から，外界に対する興味関心が薄くなりがちである

⑤成長過程での人間関係が狭くなりがちなため，対人関係の調整や社会性の発達に問題が生じる場合がある

中途失明の場合は，それまでの成長過程で，視覚的に概念や行動様式などを獲得していることが多いので，失明後の概念や行動様式などを触覚や聴覚に置き換えて，認知できるように再構築することが課題となる。

また，失明時期によっては，未経験のこともあるので，先天性盲の場合の手法で概念や行動様式等を獲得していくことも必要である。トーマス・キャロルは，健全な社会生活の営みから大きく隔たることとして，失明による20の喪失（→ p.205）をあげ，失明から立ち直るためには，人生の再出発を行おうとする覚悟が必要であると述べている。

b．聴覚障害者の心理的特性

聴覚障害者の心理的特性としては，人と人との間のスムーズなコミュケーションを阻害し，情緒的な孤立感をもたらすという心理的特性を持っている。また，日常生活において次のような問題を抱えていることを理解する必要がある。

①聴覚を通じて日常的な情報が入らない

②周囲の聞こえる人々とのコミュニケーションや交流が困難

③日常生活のさまざまな場面で孤立する

特に，聴覚障害の影響を最も受けるのが，乳幼児期から児童期にかけてだといわれている。心身ともに発達が著しいこの時期に，聴覚障害が起こると，心理面の発達にもさまざまな影響を与えることとなる。その程度は，個々の障害児の状態や，環境要因で異なってくるが，言語，学業，心理・社会性の面であらわれやすい共通点がある。たとえば，読み書き能力については，聾教育の現

場では9歳の壁 (→ p.205) といわれるように，小学校ぐらいから学力や言語能力が停滞してしまう傾向が見られる。

c．肢体不自由者の心理的特性

一般的に肢体不自由とは，肢体と体幹の運動機能障害をいう。その際，肢体とは上肢（肩関節から手指まで）と下肢（股関節から足指まで）をいい，体幹とは四肢を除く身体の部分（脊髄を中軸とし，頸椎を含む上半身。ただし，腹胸部の内蔵器官は含まない）を指している。

また，運動機能障害とは，運動に関する器官である中枢神経系，筋系および骨・関節系が，何らかの外傷や疾病で損傷を受け，長期にわたり日常生活に不自由をきたしている状態である。そのため，肢体不自由といってもその状態は，不自由の部位や程度によってさまざまである。

肢体不自由による心理的特性は，一次的要因と二次的要因に大別される。一次的要因は運動障害固有の要因として，下記の9つの要因に分けられる。

①脳損傷か，非脳損傷か
②先天性障害か，中途障害か
③進行性か，非進行性か
④痛みを伴うか，伴わないか
⑤症状に変動があるか，ないか
⑥容姿や外見の異常
⑦症状が固定しているか，一過性のものか
⑧自責的障害か，他責的障害か
⑨運動障害の部位と程度

一方，二次的要因とは肢体不自由者を取り巻く環境要因であり，周囲の人々の障害者に対する意識と，障害者自身の障害に対する意識の2つに大別される。心理的問題としては，一次的要因のみによるものと考えがちであるが，一次的要因の影響だけではなく，二次的要因も関与し，両方の相互作用によって生じる場合のほうが多いといえる。したがって，肢体不自由者の心理的特性を理解するためには，一次的要因のみによるものか，2つの要因の相互作用によるものなのかを見極めることが大切である。

d．知的障害者の心理的特性

知的障害とは，とてもあいまいな概念で，定義や状態の分類は国によってさまざまである。わが国においても教育，福祉，医療の分野に共通した明確な定義がないのが現状であった。しかし，現在は国際的に認められている全米精神遅滞協会（→ p.206）の定義に準拠している。全米精神遅滞協会の定義では，1983年まではIQテストと適応行動の検査によって，IQ70以下を軽度・中度・重度・最重度に分けていたが，IQで人の状態を分けることについて多くの批判が出てきたため，1992年にその分類を廃止して，代わりに知的障害者自身が必要とする支援のレベルで知的障害の状態を判断するという考え方に移行する。さらに，2002年には知的障害を，知的機能および概念的，社会的，実用的な適応スキルで，あらわれてくる適応行動の双方における著しい制約して特徴づけられる能力障害としたうえで，この能力障害は，18歳までに生じるとも定義している。

次に，知的障害者の心理的特性としては，レヴィンは，性格構造における分化の程度が低く，その構造を作っている素材の質が堅く，融通性に欠け，構造の各領域を分けている障壁も堅いとまとめ，この堅さが新しい事態に対する適応を困難にしていると述べている。つまり，全般的な認知発達の遅れがあり，刺激の入力・情報処理・出力のプロセスのすべてにおいて，何らかの問題を抱えているといえる。他にも，抽象化・概念化の困難，記憶の不安定さ，内発的衝動性の乏しさなどもあげている。

ただし，これらの特性は，知的障害者によく見られる特性ではあるが，必ずしも彼らの心理的問題を誘発するすべての要因ではなく，個々の成長の過程で接するさまざまな人の不適切な態度等によって，二次的あるいは反応的に形成される個々に異なる心理的問題も発生すると考えられる。

e．精神障害者の心理的特性

精神障害とは，やや漠然とした用語であり，精神医学が対象とするようなあらゆる病的現象を広く示すのに用いられる。また，精神障害者という用語についても以前から使用されてはいたが，精神医学の分野では明確な定義がなされていなかった。唯一，1988年に施行された精神保健福祉法で，「統合失調症，精神作用物質による急性中毒またはその依存症，知的障害，精神病質その他の精神疾患を有する者」として表記される程度である。つまり，精神障害者については，1993年に成立した障害者基本法で上述の表記に，「継続的に日常生活または社会生活に相当な制限を受ける者」という表現も加えて，明確に障害者と定義されるまでは，厳密な意味で障害者として認められていなかったといえる。

精神障害者の心理的特性を理解するうえで大切な要因として，精神障害の原因があげられる。その原因はおおむね以下のとおりに分けることができる。

①遺伝，素質，体質などに関係があると考えられ，統合失調症や気分害等に代表される内因性精神障害

②何らかの身体的障害が脳に障害を伴い，精神機能に障害をきたすと考えられ，アルコール依存症等に代表される外因性精神障害

③心理・社会的な要因が原因であると考えられ，神経症や心的外傷後ストレス障害（PTSD）等に代表される心因性精神障害

④極端で激しい対人関係を示し，他者との双方で否定的な感情で関係を終結させる傾向の強いパーソナリティ障害や，発達上の障害に由来するとされる知的障害

心理的問題としては，医学的な配慮も含めた代表的な症状に幻覚や幻聴，不安に由来したさまざまな心理的反応，不適切な行動を示すことがある。また，薬の副作用による身体症状のあらわれもあり，中には，すぐに対応しないと生命に危険を及ぼす場合もある。このように，精神障害者にはその障害特有のさまざまな症状や特徴が認められるが，彼らもまた，多くの正常な部分も有していることは言うまでもない。その意味において，精神障害とは，あくまでも部分的なものであるという視点に立って，心理的特性を理解することが大切になってくる。

f．発達障害者の心理的特性

人は発達の過程において，さまざまな能力を身につけるが，脳の一部の機能不全により，認知や言語，運動，社会的能力やスキルの獲得に，かたよりや遅れがある状態を一般的に発達障害とよんでいる。

わが国では，2005年に施行された発達障害者支援法において自閉症，アス

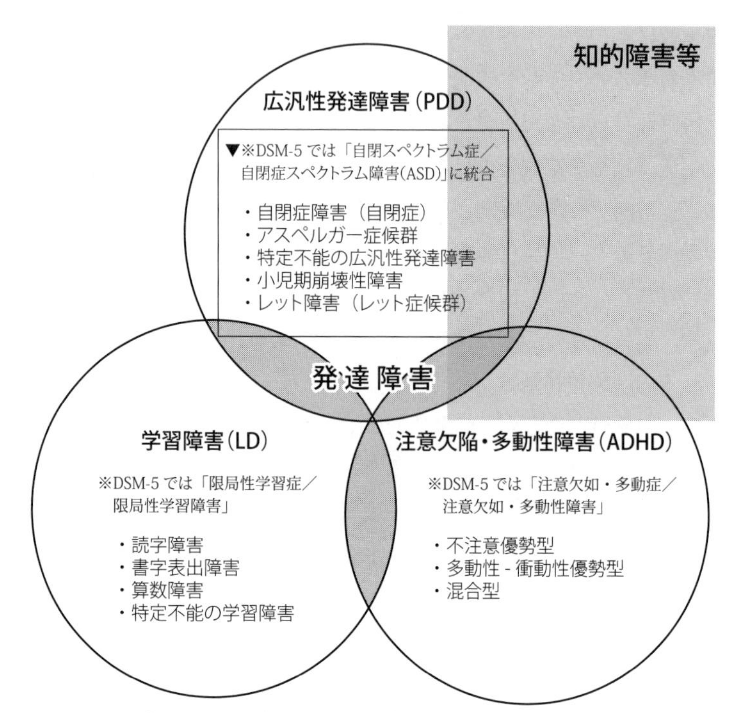

DSM- Ⅳ -TR では，先天的な脳の障害によって広範囲な領域に生じる発達上の障害を「広汎性発達障害」という概念で表現していた。しかし，DSM-5（→ **p.206**）では，広汎性発達障害は廃止され，「自閉スペクトラム症」（→ **p.206**）という概念に変更された。

図 12 － 3　発達障害の概念図（井上，2017）

ペルガー症候群その他の広汎性発達障害，学習障害，注意欠陥多動性障害，その他これに類する脳機能の障害であって，その症状が通常低学年において発現するものと定められている。また，発達障害者とは発達障害を有するために日常生活，または社会生活に制限を受ける者と定義している。

ただし，定義上の診断名のうちどれにあたるのか，障害の種類を明確に分けて診断することは難しいとされている。なぜならば，個々の障害特性が少しずつ重なり合っている場合（図 12 － 3）も多いからである。また，年齢や環境により目立つ症状が違ってくるので，診断されて時期により診断名が異なる場合がある。

(4) 先天性障害者と中途障害者

障害者の心理を理解するうえで大切な点として，障害の受障時期もあげられる。生まれながらに障害のある人は，生まれたときから現在に至るまで自分のこころと身体は本質的な変化をしないまま成長し，ある時期突然自分の障害に気づかされる。一方，人生の途中で障害を負った人は，新しく変化した自分の身体に向き合う必要に迫られる。つまり，同じ障害を負ったとしても自分の障害に“いつ”“どのように気づき”，“その障害についてどのような自己認識を持つか”の違いが，その後の心理的特性に大きな変化をもたらすと考えられる。

a．先天性障害者の心理

生まれながらに障害のある子ども，あるいは物心のつかない時期に受障した子どもは，障害のある心や身体がその子どもにとってはあたりまえのことであり，まったく自然の状態である。しかし，自分の障害について“気づき”と共に，心理的葛藤が生起することになる。

その“気づき”の内容とレベルとしては，以下のことが考えられる。

気づきの契機となる問題に直面したときの年齢や発達段階。その気づき方（他者から気づかされるか，自分自身で気づくか）。その子どもを取り巻く家庭や学校や地域の状況。その結果，その子どもは各発達段階における見本のないモデルと，どのように向き合っていくのか，一つひとつの壁に直面し，悩み，苦しみながらそれを乗り越えていくという試練が，その子どもの心理に大きな影響を与えることになる。

b．中途障害者の心理

人生の途中で予期せぬ疾病や事故にあうことで，障害を受障する前の健康で満たされた生活と，障害者となった後の困難な生活との大きな隔たりが，原因で心理的葛藤が生起することになる。特に，障害になったときのショックは，年齢的に高くなるほど深刻であり，その対処の仕方によって，その後の障害受容に大きな影響を与えることにもなる。

3．障害の受容

（1）障害の受容とは

障害によって低下した能力と，自己の内に存在する能力を現実的に認識し，それらを統合して新たな,自己を再構成していく過程を障害受容とよんでいる。また，この概念は主に中途障害者を対象にしたものである。

一方，先天性障害における障害受容については，こころと身体に変化がないのにさまざまな困難に遭遇するという観点から，受容という言葉はあてはまらず，むしろ障害を持たない人の基準で整備されてきた社会で，生きていくために障害者のおかれている環境を，“作り直す”“育て直す”ための支援が必要であるといえる。

（2）障害を受容するためのアプローチ

個々の障害者が，障害の受容するまでに必要な期間は決して同じではなく，一年以内に受容できる人もいれば，数年かかる人もいる。また，受障した障害の一部しか受容でいない人もいれば，一生涯受容できない人もいる。

しかし，障害の受容に至る過程には，何らかの法則や順序があるといわれている。ここで，３つの障害受容のための代表的な理論を紹介する。

a．価値転換の理論

1950年代後半，ベアトリーチェ・ライトたちは，人は障害によって４種類の価値を喪失すると述べている。そして，障害を受容するには，その４つの価値観に対し，価値の転換をはかる必要があると唱えている。

その４つの価値転換の内容とは以下のとおりである。

①価値の範囲を拡大する（価値範囲の拡大）……自分が失ったと思っている価値のほかに，いくつもの価値が存在し，それらを自分は変わらずに持っていることに気づくこと。しかし，失った者へのこだわりが強すぎると，これがなかなかできない。

②身体的価値を従属させる（身体の外観を従属的なものとする）……人は思

いやり，優しさ，人間性，知性などの内面的価値の方が，外観よりも重要であることを認識することで，身体の重要性は減じてくる。

③障害に起因する波及効果を抑制する（障害の与える影響の制限）……自分の障害に対する劣等感は，「自分はすべてだめだ」という全人格否定につながりやすい。障害の事実は認めても，自分全体を否定しないということで，パーソナリティの障害にならない。

④比較において自己を評価しない（比較価値から資産価値への転換）……他者との相対的評価（→ p.206）をやめ，自分の絶対的評価（→ p.206）および資産価値を大切にし，自分の目標に沿って，自分自身の向上や満足のために生きようとする態度をもつ。

b．ステージ理論

1960年代に入ると，ナンシー・コーン，キュープラー・ロスたちは，障害を負った人たちが抱えるこころの問題の解決方法だけに着目するのではなく，受障後のこころの回復には，いくつかのステージといわれる心理的過程があると唱えている。また，障害の受容に至るにはいくつかの段階を経るとする考え方は，背景とする理論の違いから2つ考え方に分けることができる。

1つは，コーンらが唱えた考えで障害を喪失ととらえ，その後の反応を心理的な回復過程として，5段階に分けて説明している。2つ目は，ロスらが提唱した考えで障害を一つの危機ととらえ，これに対処する過程に力点を置き，その回復過程を6段階に分けて説明している。

■コーンのモデル

ショック ⇨ 回復への期待 ⇨ 悲壮／悲観 ⇨ 防衛 ⇨ 適応

■ロスのモデル

衝撃 ⇨ 否認 ⇨ 怒り ⇨ 取引 ⇨ 抑うつ ⇨ 受容

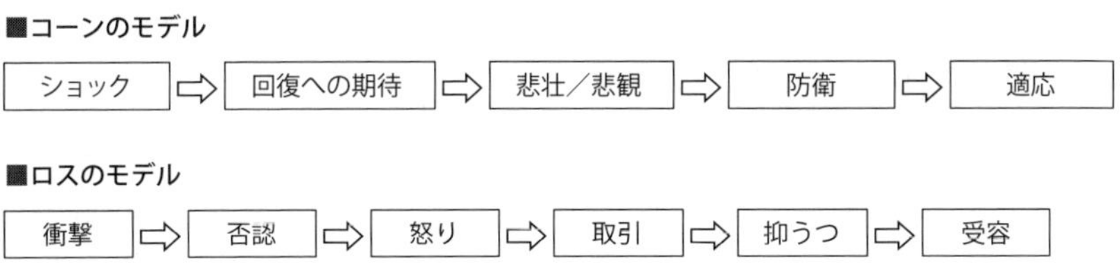

図12－4　主なステージ理論

表 12 − 2　障害受容の諸段階（上田，1980）

ショック期	受障直後，集中的な医療とケアを受けている時点での心理状態。無関心な状態（apathetic）を示す場合が多い
否認期	身体的状態が安定するとともに生物学的な保護反応は消失する。障害が治らないことが本人にもわかる状態であるが，本人は疾病や障害を否認（denial）する。この段階では奇跡に期待したり，リハビリテーション訓練に消極的となったり，障害者との同一視に反発を示す場合も多い
混乱期	障害が完治することの不可能性を否定しきれなくなった結果起こる時期。攻撃性（aggression）が高くなる。外向的・他罰的な場合はリハビリテーション・スタッフや家族が怒りの矛先となる。内向的・自罰的な場合は抑うつ的となり，自殺企図に走る場合もある
受容への努力期	内向きの自責が内面化する。自己責任を自覚し，他に頼らず自己で努力しなければならないことをさとる。訓練による ADL の向上など，現実的に明るい展開がある程度望まれることが前提条件となる
受容期	価値の転換が完成し，患者が社会（家庭）の中で何らかの役割や仕事を得て，生活に生きがいを感じるようになる

（3）中途障害者の障害受容過程段階説

上田敏（1980）は，障害受容の本質は，ライトらの主張した価値の転換の理論にあるとしたうえで，その受容に至る過程においては何らかの法則があると主張したロスらのステージ理論を整理・統合し，1980 年に日本独自の障害受容モデルを提唱する（表 12 − 2）。

さらに，上田は，受容過程の中で“仮受容”の存在を新たに示し，いったん受容しても，困難に直面した場合は前の段階に戻ることもあるとし，ステージ理論のように，直線的な回復プロセスになるとは限らないともつけ加えている。

（4）障害の受容への支援

障害者が障害を受容するために支援者は，どのような視点に立って支援を行えばよいかの基本的な考え方として，本人支援への観点から阿部順子（2003）は，「障害の受容とは，障害を持つことによって生じた情緒的混乱を低減することによって自己社会との関係を客観的かつ現実的に理解し，自分らしい生き方を再確認することである。ただし，気をつけなければならないのは，この事象が特定の“完成された状態“を意味するのではなく，自己実現に向けた生き方の

“方向性”を意味しているということである。“障害を受容している”という固定的な状態像を一方的に押しつけるのではなく，ポジティブな変化の可能性を指標として支援の方向性を探るという基本的な態度が支援者に求められる」と提唱した。

ここには，障害者の障害受容のための支援に携わる際の基本的な考え方が述べられている。つまり，障害者を支援する際に問題にされるべきは，障害を持つ人たちの障害ということではなく，私たちが障害をどう受け止め，どのようにかかわろうとするのかであり，それを自分に問いかける姿勢が求められているということである。

コラム

こころと体の性別が合っているとは限らない

男性か女性かという性別を表す言葉には，“セックス”と“ジェンダー”の2種類がある。体つきや性器の違い，卵巣と精巣という機能や染色体によって区別される生物学的な男女の違いが“セックス”である。それとは別に，社会や心理，行動におけるこころの性のことを“ジェンダー”とよんでいる。

そして，人は自分がどの性別に属しているかという感覚，つまり，男性または女性であることの自己認識を持っていることを“性同一性“とよんでいる。大多数の人は，身体的性別と性同一性をが一致するが，稀に自分の身体の性別を充分に理解しているものの，自分の性同一性と一致しない人々がいる。そうした著しい性別の不連続性を抱えている状態を，医学的に“性同一性障害“とよんでいる。

この障害の原因は，はっきりとしていないが，何らかの原因で生まれつき身体的性別と性同一性にかかわる脳の一部とが，それぞれ一致しない状態で生まれてくると考えられている。

このことにより，この障害を抱える者は，自分とは反対にある身体の性別に違和感や嫌悪感を持ち，生活上のさまざまな状況においてその性別であつかわれることに，精神的な苦痛を感じることが多いといわれている。また，本人は，身体の性とは反対の性別に属していると確信しているため，同性に強くひかれたり，自分の身体的性をひどく嫌い，自ら傷つけたりするなどの症状なども見られる。

日本では，性同一性障害者の治療の効果を高め，社会生活上の問題を解消するために，性同一性障害に関する診断と治療のガイドラインを作成した。平成15年7月には法律を制定し，この法律に定められた要件（性別適合手術を受けているなど）を満たす性同一性障害者は，戸籍上の性別を変更できるようになった。

■ 引用文献

井上雅彦（監修）.（2017）「発達障害とは？発達障害の分類・症状・特徴・診断方法はどのようなもの？」<https://h-navi.jp/column/article/134>（2018年2月26日）

宮田康三・下園誠（編）（2006）. 介護福祉テキストシリーズ7　学びやすい老人・障害者の心理　第2版　金芳堂　p.68.

仲村正巳・林俊和・白石雅一（編）（2001）. 新・障害者の心理　みらい　pp.89-90.

上田敏（1980）. 障害の受容　その本質と諸段階について　総合リハビリテーション　8巻7号　医学書院　pp.515-521.

■ 参考文献

藤野信行（編著）（2004）. 介護福祉士選書8　新版　障害者心理学　建帛社

藤田和弘・福屋靖子（責任編集）（1999）. 最新介護福祉全書9　障害者の心理と援助　第2版　メヂカルフレンド社

一番ヶ瀬康子（監修）杉村省吾（編著）（1999）. 介護福祉ハンドブック　障害者の心理　一橋出版

介護福祉士養成講座編集委員会（編）（2015）. 新・介護福祉士養成講座13　障害の理解　第4版　中央法規出版

柏倉秀克（2012）. 障害者心理学への誘い　みらい

長崎勤・前田久男（編著）（2008）. 障害科学の展開　第5巻　障害理解のための心理学　明石書店

中野善達・守屋國光（編著）（1998）. 老人・障害者の心理　福村出版

昇地勝人・蘭香代子・長野恵子・吉川昌子（編）（2006）. 障害特性の理解と発達援助　第2版　ナカニシヤ出版

田中農夫男・木村進（編著）（2009）. ライフサイクルからよむ障害者の心理と支援　福村出版

梅永雄二（2012）. 障害者心理学　福村出版

用語解説
（章ごとの出現順）

■ 序章・第１章

学習障害　知的障害はないが，聞く，話す，読む，書く，計算するまたは推論する能力のうち，特定のものの習得と使用に著しい困難を示す。中枢神経の機能障害があると推定されている。

ADHD　Attention deficit hyperacti-vity disorder の略で ADHD，注意欠陥多動性障害という。不注意，多動性，衝動性の主症状が７歳までに現れている。最近の学校では，ADHD 児の教育に重点が置かれている。

ピーク・レーテンシー　刺激が与えられ，最も大きな反応が起きるまでの不活動時間のこと（外林他，1971）。

ヒステリシス　履歴効果のある現象を意味する。一般に一定の力をある方向に加えた時に起こった変化が，逆の方向に同じ力を加えても復元しない時，その復元の度合いがヒステリシスの強弱である。生体の行動にも広く見られる現象である（外林他，1971）。

非線形　電球は電圧を徐々に増加させると（漸増），それに伴って電流が増加し明るくなる。続いて，電圧を徐々に減少させると（漸減），それに伴って電流が減少し暗くなる。この漸増，漸減現象は，グラフにすると同じ線上で変化する。このような変化でなく，漸増，漸減現象が，グラフにすると線上で異なる変化をする場合をいう。

発信系　大脳皮質の電気現象のうち，リズム形成を担う成分の解析は，アルファ波，睡眠紡錘波，誘発電位の後電位などについて行われている。大脳皮質において秩序だった律動的な電気現象が発生すると仮定して，それを１つの系と考えたもの。

皮膚電気活動　強い刺激や情緒的活動に伴って生じる皮膚の電気的変化である。視床下部と大脳皮質運動野から交感神経を経て，汗腺細胞に興奮が達すると，汗腺細胞は活動電位を生じる。以前は GSR（ガルバニック・スキン・レスポンス）といわれた。情緒的変化を利用したうそ発見器に用いられている（外林他，1971）。

生理心理学　生理学と心理学との境界領域の学問である。脳とこころとの関係を実験的に研究し，神経組織や身体の組織に現れる生理的な変化から，こころの働きを推論する。

狭義に生理心理学と精神生理学とに分ける場合がある。動物を被験体に，脳を破壊し，行動を調べるのは生理心理学である。聴覚刺激による脳波の誘発反応（聴覚誘発反応）を調べるのが精神生理学である。

自閉症児　①アスペルガー症候群，②高機能自閉症，③自閉症に分けられている。違いは，①は３歳までに言語発達の遅れがないおよび知的障害がない，②は３歳までに言語発達の遅れがあったが，知的障害がない，③は言語発達の遅れがあり，知的障害がある。いずれも基本症状は，対人関係の障害，相互コミュニケーションの障害，興味関心の限局・行動の偏りである。

眼球運動　日常生活では，2種類の眼球運動が起こっている。

急に動いたものを追うすばやい目の動きは，衝動性眼球運動（サッケードまたは飛越（飛躍）運動）とよばれている。この眼球運動は，読書中に観察され，停留と衝動性眼球運動の繰り返しである。

これに対して，動いている物を追跡する場合のゆっくりした目の動きは，滑動性（追跡または円滑性追跡）眼球運動（追跡運動）とよばれている。この眼球運動は，揺れている振り子をじっと見ていると，振り子の動きに追従して滑らかな動きをする。

小脳プルキンエ細胞　小脳は大脳後部で，大脳に覆われるようにある。古小脳（片葉と虫部），新小脳（左右の半球）がある。小脳半球は，小脳皮質と小脳髄質からなる。小脳皮質は，分子層，プルキンエ細胞層（神経細胞），顆粒層という3層の神経細胞層からなっている（水野，2008）。

fMRI　脳と心を調べる際には，活動している脳の働きを測定する必要がある。そこで，fMRI（functional Magnetic Resonance Imaging：機能的磁気共鳴映像法）が登場した。

MRI（磁気共鳴映像法）は，体内の水素原子が特定の周波数の磁気を吸収（共鳴）する性質を利用し，人体に磁場をかけて，身体の構造や病変を撮影する方法である。

fMRIは，MRIを発展させ，特定の部位の血流がどのようになっているかを調べることを可能にした。

血流中のヘモグロビンは，酸素を持っている時と放出した後では，磁場に対して性質が変化する。fMRIは，そのメカニズムを利用した撮影手法である（中村，2007）

ヘップ・ウイリアムズの迷路学習　行動テストに最もよく使われる，ヘップ・ウイリアムズが考えた視覚的運動学習である。準備として，ラットを広場に馴れさせ，出発箱に入れるとそこからゴールへ走るように訓練する。そのためには空腹（あるいは口渇）の状態にしておき，ゴールには報酬として餌（あるいは水）をおく。テストには12のパタンがあり，1日に1課題ずつ8回走らせる。出発箱からゴールに行く時，袋小路に入るとエラー1つと数える。

■ 第2章

刷り込み　鴨や雁など孵化直後から開眼し，歩行可能な鳥類は一定期間に目にした「動くもの」に対して後追い反応を示す。親鳥だけでなく，人や動くおもちゃにもこの反応は生じる。刻印づけ，インプリンティングともいう。

レスポンデント行動　外界の特定の刺激（無条件刺激）によって自動的に誘発される反応（無条件反応）のことを指す。反射行動はレスポンデント行動。通常，刺激と反応は一対一の関係にある。

オペラント行動　環境に自ら働きかける，自発的に生じる行動。特定の刺激に誘発されず，自ら起こす行動。学習はオペラント行動。

強化　学習の過程で，何らかの反応対する結果（ご褒美や罰）が与えられ，その結果学習が成立した場合，そのご褒美や罰を指す概念。

レスポンデント条件づけ　パブロフが発見した学習の原理。通常，無条件刺激と無条件反応は一対一の関係であるが，条件刺激と同時に提示することによって，条件刺激のみで無条件反応が生起するようになること。

パブロフ　ロシアの生理学者。1904年に消化器官の研究によってノーベル賞を受ける。パブロフの犬の実験で有名。

オペラント条件づけ　オペラント行動の結果，何らかの報酬（あるいは罰）を受けることにより，学習していく過程をオペラント条件づけあるいは道具的条件づけという。

スキナー　アメリカの心理学者。スキナーボックスを用いてオペラント条件づけに関する基礎理論を提唱した。

正の強化　ある刺激が提示されることによってオペラント行動の自発頻度が増加するときの手続きのこと。

負の強化　ある刺激を除去することによってオペラント行動の自発頻度が増加するときの手続きのこと。

全強化　オペラント条件づけにおいて，毎回強化すること。すばやく新しい行動を学習させたい場合は全強化で効果が出やすい。

部分強化　オペラント条件づけにおいて，毎回ではなく時々強化すること。部分強化の方が学習効果がよいとも言われている。

般化　初めに条件づけされた刺激や条件以外の，類似した別の刺激や条件においても，反応や学習効果を生じるようになること。

分化　類似した刺激の中から，ある刺激にだけは強化をし，その他の刺激には強化をしないということを繰り返すと，ある特定の刺激だけに反応するようになること。

観察学習　自分が直接体験せず，他の人の行動（モデル）を見ることによって学ぶもの。モデリングともいう。人は多くのことを観察学習によって学習している。

学習性無力感　セリグマンとマイヤーによって提唱された。強烈な苦痛を与えられる状況を長期間経験し，自分ではどうにもならない状況を学習してしまうと，その苦痛から逃れようとする努力をしなくなってしまう。

試行錯誤　問題解決の有効な手段がない時に，ありとあらゆる行動をし，失敗と成功を繰り返すことによって解決の方法を見出す学習方法。

洞察学習　問題解決の際に，持っている情報や知識を活用して，一気に解決の見通しを立てること。さまざまな方法を試す試行錯誤とは違い，解決行動が突然現れる。

■ 第3章

抽象的思考　複数の物事の共通点を見つけ，1つにまとめること。概念やスキーマなどを作り上げていく思考。

知能検査　目に見えない知能を客観的に測定するための心理検査用具，および尺度。結果は知能指数（IQ）を使って示される。

ビネーやウェクスラーによって開発されたものが広く使われている。

ウェクスラー ルーマニア出身のアメリカ人。軍隊心理学者として働いた。世界中で広く用いられているウェクスラー式の知能検査を作った。

因子 観測されるさまざまな変量を説明する潜在変数。ある事柄を構成する要素，要因のこと。因子分析という統計的手法を用いる際に用いられる概念。

流動性知能 キャッテルによって提唱された二因子説のうちの1つ。記憶力や，問題解決能力，新しい場面での適応に関する能力である。

結晶性知能 キャッテルによって提唱された二因子説のうちの1つ。結晶性知能とは，経験や学習による知能が結晶化されたもので，言語理解などがこれにあたる。

多重知能理論 ガードナーが提唱した知能の理論。知能は1つではなく，複数の独立したモジュールから成っていると考えた。8つの独立した能力が提唱されている。

学業不振（児童） 学力が低く，普通教育の授業についていけない子ども。潜在能力に見合う学習成果が出ていない子どもを指すこともある。

精神年齢（MA） 知能検査の結果に基づき，発達の程度を年齢尺度で表したもの。ビネーによって初めて用いられた指標。

知能指数（IQ） 知能検査の結果を表現する指標の1つ。精神年齢／生活年齢×100で算出される。IQ＝100が年齢相応の知的水準といえる。

言語性知能 ウェクスラー式知能検査で，知識・類似・算数・単語・理解・数唱の6つの下位検査から得られる知能指数。

動作性知能 ウェクスラー式知能検査で，積木模様・組み合わせ・絵画配置・迷路・絵画完成の6つの下位検査から得られる知能指数。

標準偏差 観測値のばらつきの程度を表す指標。0に近いほど平均値からのずれが少なく，データのばらつきが少ない。

創造性 新たなものを生み出したり発見する能力であり，問題を解決する能力であり，社会で必要とされている能力。知能との関係が指摘されている。

ブレインストーミング オズボーンが考案した方法。既存の考え方にとらわれずに発想し，独創的なアイディアを生み出すために，集団の機能を利用する方法。

KJ法 川喜田二郎の考案発想法で。大量かつ多様な質的データを総合的に把握する過程で新しいアイデアを得ようとするもの。個人でもグループでも実施することができる。

EQ ゴールマンが提唱した概念。自分自身の情動を知る能力，感情を抑制する能力，自分を動機づける能力，他人の感情を認識する能力，人間関係をうまく処理する能力のことを指す。知能との関係指摘されている。

リーダーシップ 集団の目標達成，集団の維持・強化のためにメンバーによってとられる影響力行使の過程。多くの場合，リーダーによって発揮される。

■第4章

符号化，貯蔵，検索 記憶の3つの段階であり，情報を覚える，覚えておく，思い出す，にあたる。

リハーサル　覚えようとする情報を何度も繰り返すこと。情報を短期記憶に保持するために行う維持しハーサルと，長期記憶に貯蔵するために意味づけやイメージ化を行う精緻化リハーサル。

ワーキングメモリ　作動記憶，作業記憶ともいう。短期記憶のことであり，情報の保持と処理の両方を同時に遂行する機能があるとされる。音声や言語情報を一時的に保持する音声ループ，空間的・視覚的イメージを保持する視空間スケッチパッド，情報を統合するエピソードバッファとこのサブシステムをコントロールする中央実行系からなる。

意味記憶　言語的に表現できる宣言的記憶のうち，言語の意味，概念など体制化された知識にあたるもの。

エピソード記憶　特定の出来事についての記憶。経験した時間や場所などの情報が含まれる。

手続き記憶　言語的に表現することが難しい，行動の方法，やり方に関する記憶のこと。自転車の乗り方など，どうするか知っているという記憶。

自伝的記憶　エピソード記憶の中でも特に，個人の日常の経験に基づく記憶のこと。最近の出来事ほどよく思い出されることを親近性効果とよび，誕生から3歳頃の記憶が想起されないことを幼児期健忘とよぶ。

プライミング効果　先行刺激が後続刺激に対する認知活動に影響を与えること。

偽りの記憶　実際には起きていないことを思い出すこと。強い視覚イメージや暗示，後で与えられた情報によって生じる。

スキーマ　過去の経験から，関連した概念を組み合わせて意味のあるまとまりとなった体制化された知識のこと。

メタ記憶　自分の記憶能力，記憶の機能，記憶方略，記憶課題に関する知識とその制御のこと。たとえば，「自分は年号を丸暗記するのは苦手だ」「語呂合わせは効果的」「音楽を聴きながら暗記はできない」という知識によって，自分の記憶活動を制御することができる。

■ 第5章

ジェームズ・ランゲ説　刺激によって喚起された身体・生理反応が感情体験を引き起こすという説で，感情の末梢説ともよばれる。同じような考えを，ジェームズとランゲがほぼ同時期に発表したため，こうよばれる。

キャノン・バード説　情報が感覚器官から視床へ送られ，視床から大脳と末梢神経系へ興奮が伝えられることに注目し，視床が感情において中心的役割を果たすという考え方。感情の中枢説ともよばれ，キャノンとその弟子のバードがこの説を発展させたため，こうよばれる。

単純接触効果　新奇な対象に繰り返し接することで，その対象に対する好意が上昇する現象で，自分では見たという意識がない場合でも生じる。人物，図形，音楽など広範な刺激において生じる。

基本感情　人のさまざまな感情のうち，系統発生的に連続した，文化によらず普遍的な感情を指す。喜び，悲しみ，怒り，恐怖，驚き，嫌悪などがその代表であるが，基本感情の数や種類は研究者によって主張は異なる。

自己意識的感情　自己にかかわりのある感情で，自己意識の発達に伴って現れる羨望，てれ，共感や，自分の行動をある基準から評価する能力の発達に伴ってあらわれる誇り，恥，罪悪感などがある。

ソマティック・マーカー　ソマティックとは「身体に関する」という意味で，ある特定の選択肢とその悪い結果が頭に浮かぶ時に感じる，かすかな不快な直感のこと。特定の行動がもたらすかもしれない悪い結果に注意を向けさせ，その行動を避けるよう自動化された危険信号として機能する。意思決定において，いくつかの選択肢の中から危険なもの，好ましいものをすばやく選び出すことができる。

生理的欲求（一次的欲求）　人の内部にあって人の行動を引き起こすものを欲求という。飢えや渇きによるもの，睡眠や排泄など，人の生存に不可欠な欲求のこと。

社会的欲求（二次的欲求）　人の欲求のうち，一次的欲求が満たされることによって生じる心理社会的な欲求のこと。マズローは，安全・安定の欲求，愛情・所属の欲求，承認・自尊の欲求，自己実現の欲求などを挙げた。

達成動機　ある目標を達成しようと行動を起こし，障害を克服し，困難なことを成し遂げようとする動機。

外発的動機づけ　外部に誘因がある動機づけで，外的な報酬を得るための手段としてその行動が動機づけられている。

内発的動機づけ　その行動自体から得られる快感や満足のために活動を行おうとする動機づけのこと。

アンダーマイニング　もともと内発的に動機づけられた行動に対して，外的報酬を与えると内発的動機づけが低下する現象。

原因帰属　ある出来事に対して，その原因を求めること。人が成功や失敗の原因を求める場合，能力，努力，課題の困難度，運の４つがあるとされる。

■ 第６章

遺伝か環境か　心理学では遺伝・環境問題をめぐって，遺伝要因と環境要因のいずれか一方の機能を重視する単一要因説（遺伝説・環境説）から両要因の統合性を強調する輻輳説を経て，両要因営野動的な相互関連性あるいは自己調節性を重視する相互作用説という歴史的変遷をたどって現在に至っている。

リビドー　精神分析理論では，身体活動にエネルギーが必要なように，心的活動にも精神的エネルギーを仮定し，それがどこに配分されるかを考察することによって，こころのメカニズムを明らかにしようとする。フロイトはリビドーを性的エネルギーとして設定したが，ユングの場合には性的なものではなく，活動源としての一般的な神的エネルギーを意味する。

因子分析　多変量解析の中では最も多く使われている手法の一つである。その基本的なねらいは，観察される各種の変量（テストや調査，測定等の値）の変動をより少ない数の仮想的変数（因子）を用いて説明することにある。

■ 第7章

シェマ　ピアジェは人間の知能が発達していくうえで，新しい情報を取り入れるために必要なその土台となる行為や心的構造をシェマとよんだ。

喃語　乳児の発する不快な情動と関連しない，非反射的な音声をいう。この喃語を乳児が発するようになると養育者は乳児が話し始めたかのように感じる。この喃語は，音声言語獲得にとって重要な基礎となる。

表象的思考　乳児期の後半より，乳児は目で見，耳で聞く現在の世界だけではなく，頭の中で過去の経験についてイメージ（表象）を思い描くことができるようになる。その結果，模倣行動等の表象的な行動が開始される。

アイデンティティ　自我同一性と訳されている。エリクソンの発達漸成理論の第5段階に位置づけられた発達課題。青年期に到達することが課題となる自我の統合された状態をいう。

空の巣症候群　中年期の，それも専業主婦の女性によく見られる症状であり，それまで生きがいとしていた子育てが終わり，子どもが自立したことで空になった家に取り残され，急にむなしさや虚脱感を覚えるようになる状態を指す。

■ 第8章

プライミング　事前に特定の情報（プライム刺激）に接することで，特定の知識や概念が無意識的に活性化され（想起されやすい状態），その後の認知や行動に影響が及ぶこと。その現象（プライミング効果）あるいはその実験の手続きを指す。意識的に知覚できない短時間の閾下呈示でも無自覚（つまり自動的）に生じるため，潜在的な影響を意志的に統制するのは難しい。活性化される知識や概念の利用可能性（既有の程度）や，アクセス可能性（プライム刺激との関連），適用可能性（状況への適合）が自動性を規定する。

プロトタイプ　あるカテゴリーまたは概念における中心（典型）的特徴を示す具体的イメージ（原型となる表象）。カテゴリーに含まれる事例から抽象された共有情報を統合して形成される。知覚された対象とプロトタイプとの類似度がカテゴリー化や記憶に影響する。

自動的処理　無自覚的，非意図的に実行される処理ないし認知過程。認知的な労力（認知資源）をほとんど必要としないため，効率的かつ迅速な理解や並列的な実行を可能にする。既存のスキーマ等を自動的に活性化しトップダウン処理することで，複雑な環境を手早く簡潔に把握したり，場面や状況に適した行動を即時かつ流暢に実行するのに役立つ。だが処理の開始や終了を統制するのは困難で，理解の正確さや実行の柔軟性に問題が生じることもある。

統制的処理　自覚的，意図的に実行される処理ないし認知過程。認知的な労力（認知資源）を費やし逐次的に吟味しながら入念な理解や遂行を果たそうとする際に実行される。個別の情報を詳細にボトムアップ処理することで，不適切な判断を修正して正確な理解に努めたり，望ましくない振る舞いを抑制して適切かつ柔軟な遂行を制御するのに役立つ。ただし並列的な実行に制約があり，認知資源の十分な余裕や入念な吟味を望む動機づけ等が必要となる。

認知的な資源，認知的な労力　認知活動は処理能力に一定の制約があり，有限な処理容量を配分することで心的機能を維持している。この処理資源を認知的な資源（認知資源）と呼び，それを認知活動に割りあてること（あるいはその動機づけ）を認知的な労力（心的努力）とよぶ。処理能力は覚醒や疲労等で変動し，必要な処理容量も認知活動の性質や並列する処理の程度によって変動する。認知的資源に十分な余裕がないと並列的な処理や統制的処理の実行が困難になる。日常の認知活動では刻々と変化する環境に対応する余裕を残すために，簡便な自動的処理によって負荷を軽減し認知資源を節約する傾向が見られる。

ボトムアップ　個別の情報をまず詳細かつ入念に分析した上で，より高次の適切な概念やスキーマに組み込んで知識を形成しようとする認知活動。感覚入力された情報に基づいて低次から高次の水準へ処理が進むことからデータ駆動型処理ともよばれる。

トップダウン　状況や場面の手がかりによって活性化された既有の知識やスキーマの枠組みに，個別の情報を当てはめて処理する認知活動。概念等に基づく予期や期待によって高次の水準から低次の処理を制御することから概念駆動処理ともよばれる。

■ 第9章

介入　クライエントの話に応答すること。語られている内容に焦点を当てて論旨を明確にする「明確化」，クライエントが無意識に押し込めている重要な問題点に直面させる「直面化」などがある（田中，2009）。

解釈　クライエントの無意識と意識をつなげるような言葉掛けを用いて，クライエントの洞察を助けること（田中，2009）。

系統的脱感作法　系統的脱感作法は，ウォルピによって開発された技法であり，不安や恐怖を引き起こしている状態に対して，それらと両立しない反応（例えばリラックス反応）を同時に引き起こす（これを脱感作という）ことによって，不安や恐怖を段階的に消去していく方法である（林，2009）。

エクスポージャー法　苦手意識が低減するまでそこに身をさらすことで条件づけが消去され，平常心を維持できるようになっていく。その時点で，徐々に強い苦手意識の克服を試みていく手法が，エクスポージャー法である（林，2009）。

ロールプレイ　カウンセラーが，クライエントが通常行う行動よりも有効な手本を提示し，その様式をクライエントにもその場で実際に練習してもらう方法。

■ 第10章

カウンセラー　相談に来る人の抱えている悩みやこころの問題などをカウンセリングの専門的知識や技能によって聴く人の

ことをいう。

クライエント中心療法 カウンセラーは，クライエントが語るのを待つ，聴く姿勢でいる。カウンセラーからクライエントに指示したり，助言をしたりしないで，あくまでもクライエントが主体的に自分自身の問題を解決していける方向に援助する方法で，心理療法の１つである。

クライエント 悩みやこころの問題を解決するためにカウンセラーのもとへ相談に来る人をいう。来談者ともいう。

ラポール（信頼関係） カウンセリングなどの心理療法においては，カウンセラーとクライエントという人間関係が形成される。ラポールとは，その両者の間に生じる信頼感のことである。

内省や洞察 クライエントがこれまでの自分自身を振り返り，自分自身を正当化するのではなく謙虚な気持ちで自分自身を深く見つめることである。これによって新しい自分自身に出会え，次へのステップへと動き出していけるのである。

■ 第11章

五感 人がもっている５つの感覚を指す。それは視覚（目），聴覚（耳），嗅覚（鼻），味覚（舌），触覚（皮膚）である。

感情失禁 些細なことで喜怒哀楽を呈し，その感常のコントロールがうまくいかないこと。

欲求 一次的欲求（生理的欲求）と二次的欲求（心理的欲求）に分けられる。一次的欲求は，睡眠，排泄，食欲，渇き，性などがあげられる。また，二次的欲求は地位，名誉，独立，愛情，所属，などがあげられる。

内部障害 1997（平成9）年現在，身体障害者福祉法において，心臓，腎臓，呼吸，膀胱，直腸または小腸の機能障害を指す。

燃えつき症候群 長期間にわたり，人を支援することにより，支援者自身が心身ともにまいってしまい，うつ状態を呈することもある。

四苦八苦 苦労を４つまたは８つに分類したものの併称，原始仏教以来，説かれてきている。根本的な四苦（生，老，病，死）と付随的な四苦（怨憎会苦（おんぞうえく）：にくいものとともにいる苦，愛別離苦（あいべつりく）：愛するものとの別離，求不得苦（ぐふとくく）：求め，欲するが得られない苦，五陰盛苦（ごうんじょうく）：五感によって生み出される苦）を合わせて八苦となる。

■ 第12章

世界保健機構（WHO） 国際連合の専門機関の１つで保険衛生問題に関する国際協力を目的とする。保健事業の指導・調整・衛生条約の提案，情報・援助の交換などが主の業務。1948年に発足，スイスのジュネーブに本部がある。

失明による20の喪失 トーマス・キャロルによって書かれた「失明」という著書の中で中途失明者が自らの障害を受容しようとするには，20の喪失された心理的側面を回復しなければならないと唱えている。

９歳の壁 聴覚障害児の学力や言語能力について，知的には問題がないにもかかわらず，言語が制約されているために抽象的思考が困難なことから，小学校３年生の範囲で停滞してしまう現象を指す。

全米精神遅滞協会　精神遅滞をめぐる医学，生物学，心理学，社会学，社会福祉学，教育学等の学問分野の研究者，実践家で構成され，120年以上の歴史を持つアメリカの学会。

相対的評価　被評価者の属する母集団の中で成績順に序列をつけ，その中での相対的な関係において評価を決定する評価方式。メリットは，評価者の主観が入りにくい。デメリットは，個々の具体的な能力を評価できないなどがあげられる。

絶対的評価　客観的基準に照らして，優れているか，劣っているかで評価の結論を決める方法。メリットは，自分で努力した分だけ評価できる。個々の特徴がよくわかる。デメリットは，評価者の主観が入りやすいなどがあげられる。

DSM-5　米国精神医学会が作成する精神疾患・精神障害の分類マニュアルであり，正式には「精神疾患の診断・統計マニュアル」という。本来はアメリカの精神科医が使うことを想定したもので，精神障害のみを対象とした分類だが，事実上，国際的な診断マニュアルとして使われている。DSM-1の出版以降，発達障害などに関する新たな知見や研究結果を参考にして改訂が繰り返され，DSM-5は2013年に出版された最新版である。

自閉スペクトラム症　これまで，自閉スペクトラム症は“自閉症”と呼ばれていた。しかし，同じ発達障害である「アスペルガー症候群」と「特定不能の広汎性発達障害」は，自閉症と重なる症状も多く，どちらの障害なのかと判断することも難しくなったため，2013年以降，これら3つの発達障害をまとめ，広義なものとして「自閉スペクトラム症（ASD：Autistic Spectrum Disorder）」という名称に変更された。“スペクトラム”とは，英語で「連続体」という意味。

さくいん

▶ サ行

[編著者]

芝垣　正光（同朋大学客員教授）

序章1，第1章

目黒　達哉（同朋大学教授）

第9章6，第10章，第11章

石牧　良浩（同朋大学教授）

第6章，第9章1～5

[執筆者]（執筆順）

佐部利真吾（愛知学院大学心身科学研究所嘱託研究員）

序章2・4

繁昌　成明（心理療育研究所トマニ教室施設責任者）

序章3

杉山佳菜子（愛知みずほ短期大学准教授）

第2章，第3章

高橋　　彩（三重短期大学准教授）

第4章，第5章

西田憲一郎（愛知学院大学非常勤講師）

第7章，第12章

塚本　恵信（日本福祉大学非常勤講師）

第8章

改訂 現代心理学の基礎と応用
—人間理解と対人援助—

2014年10月23日　初版第1刷発行
2016年2月24日　初版第3刷
2018年3月30日　改訂版第1刷発行
2022年9月2日　改訂版第2刷

検印廃止

編著者©　芝垣正光
目黒達哉
石牧良浩

発行者　大塚栄一

発行所　株式会社 樹村房
〒112-0002
東京都文京区小石川5丁目11番7号
電話　東京03-3868-7321
FAX　東京03-6801-5202
https://www.jusonbo.co.jp/
振替口座　00190-3-93169

組版／株式会社西文社
印刷／美研プリンティング株式会社
製本／有限会社愛千製本所

ISBN978-4-88367-297-4